ヒューマニズム考
人間であること

watanabe kazuo
渡辺一夫

講談社文芸文庫

まえがき

平素使い慣れている日本語のなかにも、その本来の意味を考えないで用いている単語や言いまわしがたくさんあります。わたしどもが、日本を愛し、日本の文化をもっとりっぱにするためにも、用い慣れているわたしどものことば、日本語の使い方にくれぐれも注意し、一つ一つの用法をぎんみする努力をおこたってはなりますまい。

ところで、日本語のなかには、ずいぶんたくさんの外来語があります。準日本語になってしまったものだから、本来の意味とすこしはちがってもかまわないとも申せますけれども、このばあいもやはり注意しなければなりますまいし、かたかなでつづられる外来語に、本来それがもっていないようなよけいな意味やふんいきは、なるべく詰めこまないようにしたいものです。ことばはどんどん変化するものですから、どんな厳重な規則を設けても、かならずしも規則どおりに、割り切れるものではありません。

しかし、わたしどもは、なにごとにおいても、気をつけていないと、気どり過ぎたり、だらしなくなり過ぎたりするものですから、いつも、行き過ぎないようにする心がまえが必要なはずです。そして、すこしきびしい心がまえをして、ちょうどよいぐらいになるものかもしれません。それと同じく、日本語に対しても外来語に対しても、いつも注意とぎんみとをおこたらないようにしたほうが無難だろうと思っています。

「ヒューマニズム」(フランス語ではユマニスム)という語も、かなり広く日本で用いられている外来語の一つです。

わたしは、今までの、この語の用いられ方が全部悪いなどとは考えていませんが、どうもふに落ちないような感じになるばあいもときどきありましたので、わたし自身の頭脳の整理をするつもりで、すこしばかりかじったフランス文学の作品を材料にして、この「ヒューマニズム」(ユマニスム)という語をぎんみしてみようと思いました。その結果の中間報告が、この本にほかなりません。

この本ができ上がるにさいして、出版部のかたがたが、わたしの文章を読みやすく訂正してくださったり、適切な注意をしてくださったりしたことは、身辺の事情で十分な時間のなかったわたしにとって、実にありがたいことでした。心から感謝いたします。また、何回にもわたって原稿を取りに来てくださり、出版部の意向を伝えてくださった朝倉光男氏にも、心からお礼を申し上げなければなりません。

一九六四年陽春　　渡辺一夫

本書は、旧著『私のヒューマニズム』（一九六四年刊行）に、象嵌《ぞうがん》訂正が可能な範囲内で補正を施したものである。改題してあるが、それは出版書肆の希望による。また仮名遣いや用字法や小見出しによる編輯もすべて、出版書肆の方針を容れたものであることを特記する。

一九七三年秋　　渡辺一夫

目次

ヒューマニズム考　人間であること

はじめに

「巨象と群盲」のたとえ

わたしは、なにを考えるばあいでも、昔からいい伝えられている「巨象と群盲の話」とか、「田毎《たごと》の月」とかいうたとえ話を思い出します。「巨象と群盲の話」と申しますのは、だいたいつぎのような話です。

何人もの盲人が、大きな象にさわってみました。そして、甲は、象の鼻をにぎり、「象というものは、ぶらりとした太いなわみたいなものだ。」と申しました。乙は、象の耳にさわり、「象とは、ボール紙みたいなものだ。」と申しました。丙は、しっぽにさわり、「象は、細いひものようなものさ。」といいました。丁は、象の胴体に手をあてて、「象とは壁のようなものだ。」と、断言いたしました。もし、この甲・乙・丙・丁の盲人が、自分の説を固持して口論をし始め、はては大げんかになったとすれば、ずいぶんこっけいなことになります。

わたしたちは、あらゆる点で限界のある存在であり、限界がある以上、他人に見えても（わかっても）、自分には見えない（わからない）ものがあるにちがいありません。したがって、わたしたちは、この盲人たちを笑えないはずであるばかりか、つねに、自分の判断や理解が誤っているかもしれないし、不十分であるかもしれないということを考えていなければならないことになります。

しかし、そのような反省をもたずに、「象はひものようなものだ。」と信じきって、「象は壁のようなものだ。」という主張を異端邪説として、そういう主張はもちろんのこと、そういう主張をもつ人間までも抹殺《まっさつ》しようとしたり、「象はひも」派と、「象は壁」派との人々が、おたがいに逆上してなぐり合い、殺し合いをしようとしたことが、人間世界にはたくさんありましたし、また、現にあるようにも思います。

自分の判断や理解に懐疑的であることは、きわめてたいせつなのですが、懐疑的ということは、さらに正しい判断や理解を求めるためのたくましい心がまえであらねばならず、真実探求を放棄することであってはなりますまい。

現在のわたしが理解するかぎりにおいて、ヒューマニズムというものは、盲人どうしがけんかをしたり、なぐり合いをしたりしているばあいに、「そのようなことは、象の正体を知ることとなんの関係もないことでしょう。もうけんかやなぐり合いはよしにして、めいめいの信ずるところを、めいめいがもう一度考え直しましょう。」と叫びかける人々の心根に宿るように思えてなりません。しかし、このことは、本文中で、もっと具体的に述べさせていただくことにしましょう。

水田の一つ一つに秋の月

「田毎の月」と申しますのは、だいたい、つぎのようなことです。

月の美しさは秋ですが、秋になると、稲の取り入れも終わり、いくつにもしきられた水田は、まるで、いくつもの鏡のように、地面に並べられるといってもよいでしょう。大小の水田の一つ一つのなかに、秋の名月が、その姿を落としています。どの田をのぞいても、皎々《こうこう》たる月が映っているのです。つまり、

「田毎の月」になるわけです。

日本のどこかの名所に、「田毎の月」というところがあるようですが、それは、このさいたな上げにいたしまして、わたしが、こうした現象を、どんなふうに考えるかということを、いちおうお聞きください。

お月さまは一つしかありません。ところが、水田が大きかろうと小さかろうと、いくつにもしきられたその一つ一つには、お月さまが、その姿を、そっくりそのまま落としてくれるのです。これは、水田にかぎらず、中秋名月の夜、掌《たなごころ》に水をくんで、それに月を映したら、十人、百人、千人の人々がいたばあいでも、そのひとりひとりの掌の水には、一つ一つ美しい月影が宿るでしょう。そして、いずれのばあいも、それは月の影に過ぎません。

本当のものはなかなかつかめないが……

しかし、わたしたち人間は、水に映った月をとらえようとして飛びこみ、おぼれ死んだ犬のたとえ話そっくりのことをしていないとはかぎらないのです。とらえがたい真実の影が、自分の水田や自分の掌にくんだ水に映っただけで、真実をとらえたと信じやすいのが、人間の性《さが》かもしれないからです。ところで、自分の水田や掌に映った月の影を見て、おれはお月さまをつかまえたぞと、みなが思いこんだら、たいへん困ったことになるのですが、昔から人間は、あのたとえ話のおろかな犬のようなことをし続けていないともかぎりません。そして、ヒューマニズムというものは、こうしたおろかな行為に対して、
「もっとよく考えてください。それはお月さまの影ですよ。」
と、呼びかける人々の心根に宿っているとも考えられます。しかし、このことも、本文中で、もっと詳しく述べさせていただきましょう。

その部分を知り、その影を見た以上は……

わたしが、「巨象と群盲の話」だとか、「田毎の月」だとかいうことを持ち出しましたのは、第一には、この本で取り扱うヒューマニズムを、現在のわたしが考え得た範囲内でしか説明できない以上、不備の点が、たくさんあるにちがいないという告白、あるいは申し訳をするためでした。盲人のひとりであるわたしは、わたしの触れたものが、確実にヒューマニズムそのものであるという

自信はありません。つまり、わたしの足もとの水田に映った月影を、そっくりそのまま、お月さまとは考えられないからです。

したがって、あなたが、わたしなどよりも学問もあり見識もあるえらい先生がたのヒューマニズム論をお読みになって、わたしも加えていただいて、みなで、もっと考えをすすめてみたいと思います。そして、そのような機会をつくるものとしてしか、この本の存在理由はないと思っているのです。

第二には、いくら盲人でも、めいめいべつべつに象の鼻や、耳や、胴体や、しっぽにさわったことは確かですし、それは象のからだの一部にさわったことにはなります。また、自分の田の水に映った月は、本物の月ではなく、その影であるにはちがいありませんが、月の姿を見たことだけは確かです。

その正体を見きわめたい

だいじなのは、自分のさわったもの、見たものを手がかりにして、その正体をあくまでもとらえようとすることです。わたしもそうしたいと思います。ですから、あなたも、力を貸してください。たったひとりで真実に近づけるわけはないのです。しかも、あらゆる人々がすこしでも真実に近づいたほうが、よいに決まっているのですから……。

そして、この本でヒューマニズムというものを取り扱うようになったのは、つねづね、このかたかなのことばに心がひかれながらも、なにかわかったようでわからなかったからであり、あらゆる機会に、これをもっとわかるようになりたいと思っていたからなのです。この本は、それだけが目的といってもよいのです。あなたのご助力を期待しながら。

1――ヒューマニズムということば

1　日本での位置

かたかなことばの流行

現在の日本では、日本語化しかけた外国語が、はやり過ぎているといわれています。たとえば、「白鯨軍のこの老練打者が、進退きわまったとき、選手席からがんばれよと大きな声がかかった。それに奮起したのか、打者の打棒からはみごとな安打が白線を描いた。」という文章は、かなり多くのばあい、つぎのような表現になる可能性がなくはないと思います。「ホワイト＝ホエール軍のこのベテラン＝バッターが、イン＝ザ＝ホールになったとき、ダッグアウトからハッスル、ハッスルと大きな声がかかった。それにハッスルしたのか、バッターのバットからは、クリーン＝ヒットがホワイト＝ラインを描いた。」

また、「この売り場では、高級品の特別廉売をいたし、おそろいでお休みをお楽しみになるおりの、いろいろなお召し物その他をご奉仕申し上げ、みなさまの休暇気分を最高級にさせていただきます。」は、「このコーナーでは、デ＝ラックス品のスペシャル＝ディスカウント＝セールをいたし、アベックでレジャーをエンジョイなさるおりの、いろいろなウエヤーその他をサービス申し上げ、みなさまのバカンス＝ムードをウルトラ＝スーパーにさせていただきます。」と表現することもまったくないとはかぎりません。

流行の三つの形

これらの例は、もちろんわたしが思いつくままにつくったものであり、オーバー、つまりおおげさ過ぎると、あなたはおとがめになるかとも思います。しかしこれらを、現代日本語のへたな漫画だとお思いくだされば、いちおうは笑っていただけるかもしれません。

江戸鎖国ののち、明治開国のときから、日本は大急ぎで、外国の文化を吸収し始めました。それがちょっとばかり急激過ぎたので下痢を起こし、昭和時代に、また鎖国が行なわれましたが、ほどなくまた第二の開国の世が来ました。日本人は聡明で、外国のよいものはどしどし取り入れますから、この第二の開国は、多少がたぴしするところがあるにしても、ともかくも以前にもまして日本を豊からしい国にしかけております。

ですから、わたしたちの母国語である日本語には、明治時代から現在にいたるまで、たくさんの外国語が流れこみ、その現象が、現在では、もっとも顕著となっているようです。

さて、そのたくさんの外国語のなかには、表現されるものが日本になかったために、外国名をそっくりそのまま取り入れて、多少日本ふうになまらせて発音したものもあれば、内容になるものは日本にあるけれども、外国語めいた発音の新しい名で呼んだほうが、なんとなく上品で、なんとなく上質で、なんとなくありがたい、と思うものもあるようです。また、どうも中身の正体はよくわからないが、全然わからなくもないし、適当な日本語が考え出せないからという理由で、日本式発音で外国語の名称をそのまま用いているものもあるようです。

日本語に訳しにくいヒューマニズム

ヒューマニズムhumanismということばは、英語ですし、ドイツ語では、フマニスムスhumanismus、フランス語では、ユマニスムhumanismeと申しますが、なかなか日本語に訳せないことばのようです。しかし、きわめてしばしば、このことばは、名士の講演や先生がたの評論・随筆のなかで用いられています。そして、その用いられ方は、なんとなくみな似ているようで、しかも、なんとなくすこしずつちがっているような感じがいたします。

したがって、このヒューマニズムということばは、先にしるした三種類の日本的外来語中の二番めと三番めとの種類のいずれかに、あるいはその両方に属しているかもしれません。第一の種類に属さない理由は、日本になかったラジオやテレビとはちがうからです。つまり、ヒューマニズムというような人間の心がまえは、日本人も西洋人も、人間として普通な考えをもっていれば、だれしもがもちうるものであり、西洋人だけの専売であるはずはないと思う点が多々あるからです。もっとも、このことに関しては、徐々に、わたしの考えを申し上げることにいたしましょう。

2　ある手がかり

「人文主義」という訳語もあるけれども

ヒューマニズムといえば、なんとなく上品で、りっぱで、なにかハイカラです。なにかわかったようなわからないような、ぼやんとしていて、美しいような感じがしないでもありません。

わたしは、現在日本で用いられているヒューマニズムということばの意味を全部理解できるとは思いませんが、なんとなくわかるような気はいたします。

しかし、このことばと並んで、英語にヒューマニタリアニズム humanitarianism、フランス語にユマニタリスム humanitarisme ということばがあり、「人道主義」とか、「博愛主義」とかいうふうに訳されていますので、これがヒューマニズムと混同されているのではないかと思うばあいがかなりあります。

わたしの知るかぎりでは、ヒューマニズムとヒューマニタリアニズムとは、けっして矛盾はいたしませんが、かなりちがうところがあるのではないかと考えています。わたしの中学時代・高校時代から、ヒューマニズムは、「人文主義」、あるいは、「人本主義」と訳されるばあいがありました。しかし、これらの訳語は、魅力がないためか、あるいは訳語として不適当なためか、あまり問題にならず、いつのまにか、かたかなのヒューマニズムということばが広く用いられているのが現状のようです。

頭に残ったあれこれのこと

榎一雄先生と堀米庸三先生との編著、『標準高等世界史』には、つぎのように書いてあります。

「ルネサンスの精神は、人間主義《ヒューマニズム》（人文主義）の一語に要約される。それは、この世を仮のものと見る神中心の中世の考えとは反対に、ありのままに自然と人間を見、生きる喜びをそのまま肯定する、現世的、人間中心的な態度である。この人間性解放の精神は、おのずから市民の新しい生活態度を生み、ときには、『自叙伝』で有名なチェリーニのばあいのように、旧道徳を無視した自由奔放な生き方も現われた。」

この文章で注意をひくのは、「人間主義《ヒューマニズム》（人文主義）」という表現です。つまり、ヒューマニズムということばだけを使わないで、「人間主義」という字の別な読み方として、「人間主義《ヒューマニズム》」とふりがながついていることです。そして、さらに、これを補足するかのようにかっこに入れて、「（人文主義）」としてあります。両先生も、訳語の選定に苦心しておられることがわかります。

わたしは、ヒューマニズムに対する訳語、その意味などを完全に、また、わかりやすく説明できる自信はありません。ただ、フランスのルネサンス（十六世紀）の文芸関係の書物をいくらか読みあさったのち、なにかぼんやりと頭に宿ったこと、つまり、ヒューマニズム（ユマニスム）に関する材料を、これから、順を追って並べていこうと思います。

2——ユマニスムの発生

1　初期のユマニストたち

ルネサンス期の顕著な傾向・思潮

以下わたしは、「ヒューマニズム」を、あえて「ユマニスム」というフランス語に替えようと思います。これには、深い理由はありません。わたしは、現代の日本で用いられている「ヒューマニズム」ということばの意味が、前にも書きましたように、なにかわかるようでわかりませんので、この語を自らすんで用いたことは、ほとんどありません。そこで、しいていえば、わたしのせまい知識の範囲内で考えられた「ヒューマニズム」は、主として、フランスのルネサンス文学を材料としていますから、これをフランス語で、「ユマニスム」と呼ぶことにしたいというぐらいの、軽い、そして身がってな理由しかないのです。

ユマニスムということばは、ヨーロッパのルネサンス期にはありませんでした。だいたい十九世紀の終わりごろに、ドイツの史学者たちが、ルネサンス期文化に見られた一つの顕著な傾向・思潮をフマニスムス humanismus と呼んだときから、フランス語でユマニスム、英語でヒューマニズムということばが用いられるようになったということです。

したがって、ルネサンス期の傾向・思潮である、このユマニスムなるものをとらえるのが、ユマニスムの根本を理解するのにいちばんかんじんなことになるかもしれません。たとえ、時代が下がるにつれて、ユマニスムの肉づけや面だちが多少変わることになりましても、この根本の性格は失われているはずはないでしょうから。

十六世紀のユマニストとは

ユマニスムという語は、ルネサンス期にはありませんでしたが、ユマニスト humaniste（ヒューマニスト）ということばは、十六世紀の後半には、明らかにフランスの作家によって用いられています。このばあいのユマニストの意味は、主として、「古典語・古典文学の研究（愛好）者」であり、とくに、「神学

者」に対比させられていたようです。したがって、ルネサンス期のユマニストは、現在、日本で、

「あの男はヒューマニストだから、このような無惨なことを黙っては見ていられない。」

というようなばあいのヒューマニストとは、だいぶちがっていたとも申せます。しかし、この両者が矛盾し合ったり、火と水のように相入れないものでもないことは、以下のつたない説明でわかっていただけるかもしれません。

ただ、ここでいっておきたいのは、上記例文中の「ヒューマニスト」ということばの周囲に漂っている感傷的なところや、博愛的なところや、人道主義的なところは、かならずしもルネサンスのユマニストの第一の条件にはなっていなかったということです。

また、ルネサンスという時期の重大さについては、この本で、これをま正面から論ずる暇《いとま》はありません。そこで、あなたがいだいておられるルネサンス文化の概念を、わたしがわたしなりに想定して、話をすすめるよりほかにいたしかたありません。

「もっと人間らしい学芸」を

印刷術の発見、古代ギリシア・ローマの文芸思想書の再発見と再ぎんみ、宗教改革、アメリカ大陸の発見、地動説の発生、……と、近代・現代の科学や文化の出発点や基礎となるものが、人間世界において、中世とは比較にならぬくらいに広められたのが、ルネサンスといえるでしょう。したがって、あらゆる方面で、新しいものの考え方が、徐々に局面を変えていきました。

その当時の学問の中心は神学でした。中世以来そうでしたが、それはキリスト教（カトリック）を主体とする、神について、神を中心としていっさいの現象を整理し、理解するための学問でした。そして、新しい時代がすすむにつれて、この神学を研究する人々をも含めた学者たちのなかからも、今までになかった声が上げられるようになりました。

「もっと人間らしい学芸」litterae (disciplinae) *humaniores* をというのが、この新しい時代の学者たちの叫びでした。ここで問題になるのは、ユマニスム（ヒューマニズム）という語の元《もと》になる「もっと人間らしい」humanior（→

humaniores）ということばの意味でしょう。人間がつくった学芸である以上、「人間のもの」であることは当然であるはずなのに、なぜルネサンス期の新しい文化のにない手であった学者たちは、「もっと人間らしい」ことを要求したのでしょうか。

議論のための議論への批判

当時の学問のなかでいちばん歴史も古く、ゆいしょもあったのは、「神学」でした。それは、具体的には、中世紀に築き上げられた「キリスト教哲学」の壮麗な殿堂を背景とした、「聖書研究」であり、「教会の典礼の研究」でもあったわけです。

ところが、どの学問においてもそうでしょうが、神学にあっても、研究が積み重ねられ、細かく綿密になるにつれて、正しい結論を出すための議論が、議論のための議論になってしまうばあいが多くなったのです。むずかしい術語や定義を暗誦して、それを形式論理によってもてあそび、真実を求めることよりも、論敵を打ち負かすことに喜びと誇りとを感じるような学者も出てきました。

　このような傾向は、学問そのものの発達と、かならずしも矛盾しないかもしれませんが、「なんのための学問か。」という問いを発する人々にとっては、好ましいものではありませんでした。「神」に関する学問が、かりに、とらえがたい「神」をできるかぎりとらえ、「神」の教えや導きによって、人間の世界を平安にし平和にして、すこしでも「神」のみ心を生かすようにするためにあるとしましょう。そうしますと、このたいせつな目的を忘れて、枝葉の議論を、議論のためだけにするということは、本末を転倒したことになるからです。

ゆがみを見つめる心

　たとえば、「針の先に天使が何人とまれるか。」ということは、たいへん興味深い問題でしょう。また、こうした問題をめぐって、概念や論理をもてあそんで議論をするのは、人間だけに許された、いわば頭脳の高尚な体操にもなるでしょう。しかし、こういう頭脳の体操だけが学問だというふうになってきますと、思わしからぬ傾向が生まれてきます。

一口にいって、ルネサンス期の若い学者たちが、当時の学問全般に、とくに神学に、こうした好ましくない傾向が現われているのを感じ取って、「もっと人間らしい」学問にもどってほしいと叫んだのでした。したがって、「人間らしい」ということは、このばあい、「哀れな人々に同情する。」とか、「人道的である。」とかいう意味ではありません。

思想・制度・機械……など、人間がつくったいっさいのものが、その本来もっていた目的からはずれて、ゆがんだ用いられ方をされるようになり、その結果、人間が人間のつくったものに使われるというような事態に立ちいたったとき、

「これでは困る。もっと本来の姿にもどらなければならない。」

と要請する声が起こり、これが、「人間らしい」ことを求めることになるのです。

2　ユマニスムの出発点

それは「キリスト」となんの関係が……？

ルネサンス期のパリは、ヨーロッパ全体の学問、とくに神学研究の中心地として、中世以来の伝統を守っていました。しかし、このパリの学界にも、右のようなゆがみや好ましくない傾向が現われていたと伝えられています。つまり、有名な神学者たちが、議論のための議論にむちゅうになり、あまり瑣末《さまつ》な論争に終始しているのを見聞した、若い研究者のなかから、「それはキリストとなんの関係があるのか。」Quid haec ad Christum? という問いが出されたということです。

それは、若い研究者たちが、「神」や「キリスト」のことをもっとよくわきまえ、人間の救済と向上とのために尽くそうと思ったからなのです。かれらにとっては、たとえば、「針の先に天使が何人とまれるか。」というような問題で血眼になって論争をしたり、「溲瓶《しびん》よ、おまえはくさい。」と、「溲瓶はくさい。」という二つの文章は文章がちがうのだから、文章がちがっても同じ意味だと主張するのは異端者だ、などと断言する神学者たちの議論は、それがいかに興味ある内容をもっているにしても、「主キリスト」となんの関係もないと思われたかもしれないのです。

宗教改革運動と深いつながり

「それはキリストとなんの関係があるのか。」といういい方は、昔ローマ時代に、あまり枝葉にわたった議論になり、本来の目的が忘れられたばあい、心ある人々が、「それはメルクゥリウス（＝マーキュリー、知恵の神）となんの関係があるのか。」と問いかけて戒めたところから生まれたということです。「もっと人間らしい学芸」をという叫び声と、「それはキリストとなんの関係があるのか。」という問いとは、同じことをいいかけているはずです。

そして、「もっと人間らしい」humanior という字から、ユマニスト（ヒューマニスト）という字が生まれ、さらにユマニスム（ヒューマニズム）と呼ばれる態度が生まれたと考えられますから、ユマニスムの最初の出発点には、「それはキリストとなんの関係があるのか。」という問いに含まれたもの、つまり、キリスト教的なものがからみついていたことになります。そうしてこれは、ルネサンス時代の大きな事件の一つといわれる宗教改革運動と、かなり深いつながりをもつところに、ユマニスムの最初の姿があるといってもよいと思います。しかし、ユマニスムすなわち宗教改革運動ではありません。

ユマニストたちの要求したもの

当時の宗教思想問題は、現代の思想問題と同じ価値をもつ面もありますから、ユマニスムを、キリスト教内の宗教問題だけに局限する必要はないように考えます。これらの点は、なかなか複雑ですが、3章以下で、できるかぎり明らかにしてみようと思います。

さて、フランスの歴史学者、オギュスタン＝ルノーデとアンリ＝オーゼは、その共著、『ルネサンスと宗教改革』で、フランスの、特に十六世紀前半期のユマニストたちがなにを要求していたか解説しています。

それによるとユマニストたちは、

「教皇たちがもっと政治的でないように、高位の聖職者たちが、もっと無関心でないように、正規の僧職者たちが、もっと規律正しく、もっと貪婪《どんらん》でなく、もっと三百代言的でないように、教区の聖職者が、もっと無教養でなく、もっと献身的であるように、神学が福音および人間について、もっと無知でないように、宗教がもっと聖職者万能主義でなく、もっと型にはまったものでなく、もっとキリストの教えに近いものであるように」望んでいるのです。

行ないや考えのなかにあってほしい態度

それらの望みのなかで、「もっと……である」「もっと……でない」という個所は、先に述べました「もっと人間らしい」ということと、当然つながりがありましょう。また、全体として、当時のカトリック教会に見られた数々の欠陥に対して、「それはキリストとなんの関係があるのか。」という問いを発していることにもなりましょう。

しかし、こうしたユマニストたちの態度は、さらに宗教問題を越えて、人間世界のいっさいの事象に対して、批判と要請とを行ないうる力をもっています。そして、事実その方向に向かっていることを察していただきたいのです。

なお、ユマニスムを人文主義と訳すのは、「もっと人間らしい学（文）芸」litterae humanioresということばに基づいているのであろうと思います。

以上、わたし流の説明で、あなたは、ルネサンス期のユマニスムのあり方を、いちおう理解してくださったと思います。そこで、この章の終わりに、私見を添えますと、「ユマニスムとは、堂々たる体系をもった哲学理論でもなく、尖鋭な思想でもないようである。ユマニスムとは、わたしたちがなにをするときでも、なにを考えるときでも、かならず、わたしたちの行為や思考に加味されていてほしい態度のように思う。」ということになります。

3——宗教改革とユマニスム

1　「ユマニストの王」エラスムス

改革運動者の出発の態度

さきにあげた榎・堀米両先生の『高等世界史』には、また、ユマニスムについてつぎのような説明があります。

「ルネサンスの根本思想であるヒューマニズム（人文主義）には、中世の信仰とは合わないものが含まれていた。しかし、ヒューマニスト（人文主義者）たちは、僧侶の生活の堕落ぶりをあざけっても、信仰そのものを問題にすることは少なかった。これに対し、宗教改革は、まさにこの中世の信仰を疑問にし、これとちがった新しい信仰を確立しようとしたものであった。中世では、信仰ほどたいせつなものはなかったのであるから、この信仰をまっ正面から否定した宗教改革は、……強く中世を批判し、……中世社会に直接の打撃を与えたものであった。」

この簡明的確な文章には、なんの説明をつけ加えることもありますまい。

わたしは、ユマニスムの最初の姿には宗教問題がまつわりついていたと述べましたが、ユマニスムの実体をとらえようとするばあい、「宗教改革とユマニスム」という問題を考えてみる必要が当然起こってまいります。なぜならば、宗教改革は、ルネサンス時代の重大な事件の一つですし、多くの宗教改革運動者は、ユマニスム的な態度から出発しているからです。

ドイツ人ルターとオランダ人エラスムス

しかし、多くのユマニストたちは、宗教改革運動を助成したかに見えましたが、宗教改革運動の政治運動化・暴動化に対しては、「それはキリストとなんの関係があるのか。」という問いをふたたび提出して、現実の運動には参加しきれなかったように思います。

具体的な例としてここにまずもち出したいのは、マルチン゠ルター（一四八三～一五四六）と、デシデリウス゠エラスムス（一四六六～一五三六）とです。前者はドイツ人、後者はオランダ人ですから、フランスのユマニスムを若干調べて、ユマニスムの目鼻だちをとらえようとするこの本では、このふたりは、やや場ちがいな感がないでもありますまい。

しかし、全ヨーロッパに大きな波紋を起こした宗教改革の口火を切ったのは、ルターです。

また、全ヨーロッパの「ユマニストの王」として、各国の文化思想に影響を与え、深い尊敬と激しい嘲罵《ちょうば》とを一身に受けていたのが、ほかならぬエラスムスです。

したがって、このふたりを抜きにして、「宗教改革とユマニスム」という問題を考えることは不可能ですから、せめて、私見を、図式的に述べる程度にでもしるしておかなければなりません。

より正しいものを求める異端者

ルターもエラスムスも、カトリック教会（旧教会）に属する僧職者でした。ふたりとも、在来の教会制度一般やローマ教皇の政策に対して、「それはキリストとなんの関係があるのか。」と問いかけて、時代の波を乗り切れないでいる教会のさまざまな欠陥や行き過ぎを批判し、新しい時代に適応するような粛正を要求したところから出発しました。

エラスムスは、あくまでも学究的な道を歩み、聖書の原典を再検討して、「より正しい聖書のテキストの探求」という重大な仕事に従事しました。それによって、「もっと人間らしい学芸」の最初のあり方を示したことになります。その結果、古いからにとじこもって、なんの自己検討もしようとしない旧教会内の考えのおくれた人々からは、異端視されるということにもなりました。

旧教会が、中世以来、絶対にまちがいないとしていたラテン語訳の聖書を、エラスムスは、ヘブライ語やギリシア語のテキストとの校合検討によって訂正しようとしました。この試みは、より正しいものを求めることが当然と考える人々には歓迎されたとしても、無反省に権力の座にすわり、しかも、その座を守ることしか考えていなかった人々から見れば、平地に乱を起こし、権威に反抗し、これを傷つける異端者と見られたのもやむをえなかったわけです。

諷刺文学の一典型『痴愚神礼賛』

エラスムスの数々の著書は、聖書の解釈研究を主としていますから、専門的な考察に任せねばなりますまい。しかし、かれの著作のなかには、当時、全ヨーロッパで愛読されたといわれている『痴愚神礼賛』(一五一一年)という有名な文学書があります。

この本は、「痴愚」「狂気」を表わす女神が、自分の力で、人間社会に、どれほどたくさんの「痴愚」や「狂気」を生ぜしめたかということを誇らしく述べて、自画自賛するという内容であり、「痴愚神」の誇らしげな大演説集なのです。

エラスムスの本心は、人間世界に見られるいっさいの「痴愚」や「狂気」を批判したいところにあるのですから、この書物は、軽蔑と憎悪とに値する「痴愚神」に思いきりおしゃべりをさせておいて、その結果、読者が、「痴愚神」というものがいかに困った存在であるか、また、この地上には、「痴愚」や「狂気」がいかにたくさんあるかということを悟れるようにする諷刺文学の一典型にもなっているわけです。

そのなかで、とくに念を入れて触れているのが、「それはキリストとなんの関係があるのか。」と問いかけられてもいたしかたないような人たちでした。

世人にはエラスムスの心根がわからなかった

本末を転倒した議論にふける神学者たちや、信仰よりも政治や軍備に現《うつつ》を抜かしている教皇や、自己の使命を忘れた教会関係の人々や、多くの弊害をもった修道院制度のことを書いたエラスムスの本は、旧教会に対する激しい誹謗《ひぼう》の書とも見られ、たびたび問題にされました。事実、エラスムスの死後、フランスでは、一五四二年に、パリ大学神学部（ソルボンヌ神学部）は、この『痴愚神礼賛』を禁断書にしましたし、一五五四年には、ユリウス三世教皇も、これを禁断書とし、一五五八年には、パウルス四世教皇は、エラスムスを第一級の異端者と断じてしまいました。

十六世紀中葉から後年にかけて、フランスはもとよりヨーロッパでは、新教徒と旧教徒とが、信仰的対立を軸として、権力・経済力の争奪戦を演じていましたから、エラスムスの存在およびその著書に、すこしでも、旧教会側の不快となるものがあり、逆に新教会側にとって痛快なところがあったとすれば、反省する余裕のない旧教会側から、右のような処分を受けてもやむをえなかったかもしれません。しかし問題は、エラスムスの希望や理想を、世の人々がまだ理解できないでいたというところにあるのです。

ひたすらに「痴愚」と「狂気」とを指摘

エラスムスは、終始一貫、旧教会に属する僧職者であり、その信仰は旧教にささげられていました。したがって、かれは、自分の属する旧教会内に、「それはキリストとなんの関係があるのか。」と問いかけたくなるような欠陥や行き過ぎを数々認めた以上、これを指摘して、旧教会を正しい姿にもどしたいとのみ念願し、これを理想としていたに過ぎないわけです。

このエラスムスの志は、いずれのちの世の人々に理解されることとなるとしても、逆上していた当時の人々からは、蔑視され、呪咀《じゅそ》されていたといってもよいのです。

晩年のエラスムスは、単に旧教会側から白眼視されたばかりでなく、新教徒の側からも非難されることになりました。新教徒側から見れば、あれほど旧教会を批判したエラスムスが、自分たちの味方にならず、自分たちの行動までも批判するのはけしからんということになるわけだからです。

エラスムスは、『痴愚神礼賛』中で旧教会に見られる「痴愚」や「狂気」を指摘したと同じく、刻々と勢力を増し、武力をすら用いて権力をにぎるようになった新教会の行動にも、同じように「痴愚」と「狂気」とを指摘する立場を堅く守っていたのです。

卵を産んだものとかえしたもの

旧教会側の人々は、宗教改革運動ないし新教会を卵にたとえ、「エラスムスが卵を産み、ルターがこれをかえした。」といって非難しました。エラスムスの業績は、ルターが成長するために必要な血液を供給したとも考えられますから、そう見られる面もないとはいえません。旧教会の余弊をついたエラスムスは、ルターからは、一時同志とも見られていたからでもあります。

しかし、考え深く、思索的で、あるばあいには老獪《ろうかい》にすら見えるエラスムスと、直情径行な行動派であるルターとは、同じ考え、つまり、「ユマニスム」から出発しながらも、おのおの異なった道を歩まなければならなくなりました。

エラスムスは、ユマニスムを守り続けて、時代が自らの「痴愚」や「狂気」を反省できるときまで、白眼視されることになります。ルターのほうは、教皇が、教皇庁の収入減に対処するために濫売していた贖宥符《しょくゆうふ》に対する憤激にかりたてられて、ついに一五一七年（エラスムスの『痴愚神礼賛』上梓《じょうし》後約六年）、ザクセン侯国のウィッテンベルクにおいて、九十五か条の提題を公表して、ローマ教皇に公然と抗議をしてしまいました。

こうした行為そのものは、ユマニスト的ではないとはいえますまい。ルターは、この事件後、ローマ教皇からの説得を拒否し、命令を拒否し、ついに破門宣告を受ける（一五二一年）に及んで、旧教会に対する新教会の誕生を宣言します。そして、ドイツ国内で、自分を擁護してくれる新教諸侯たちと結んで、当時のドイツ皇帝カール五世に対して、政治的、軍事的な闘争を開始するにいたるのです。

ルターの改革の願いには、多くの点で、エラスムスの共感を得るだけのものがあったのです。しかし重なる迫害や弾圧に憤激したルターは、「それはキリストとなんの関係があるのか。」と問いかけるだけでは、生ぬるく非現実的で、事態をいささかも好転させるわけにはいかないと考えて、政治的、軍事的な行動にまで出ました。若干の犠牲や行き過ぎもやむをえないという態度に出てしまったわけです。

エラスムスは、人間というものが危険な動物であり、狂信がはびこれば、これに対する別な狂信が生まれ、この二つの狂信が衝突するばあい、いかに悲惨なことが起こるかということを知っていました。したがって、こうした悲惨な事態に向かってすすんでいこうとするルターの果敢な実践行動には、とうていついていけませんでしたし、これを是認するわけにもいきませんでした。

みじめな姿に深い人間的な意味

ここに、ユマニストとして生き通すエラスムスの、金縛りに合ったような一見みじめな姿と、ユマニストたることを放棄せざるをえなくなって、行動的革命家となったルターの一見勇敢な姿との対比が見られます。ルターとエラスムスとが決定的に対立、反目するにいたったのは、一五二四、五年ごろからですが、人間の「自由意志」をめぐって、ふたりの考えが衝突したためです。神学上の問題で対立したふたりは、それを契機として敵・味方に分かれてしまったのです。

エラスムスとルターとの対比は、ルネサンス期がわたしたちに残してくれた深い意味をもつ人間的問題ということができるでしょう。たしかに、エラスムスによって代表されるユマニスムは、ルネサンス期において、一見みじめな、弱い、無力なもののように思われます。

しかし、それは同じキリストの名、同じ神の名によって、教徒どうしが、新旧両教会の陣営に分かれて対立抗争し、いかに政治的、経済的な利害がからみついていたとはいえ、多くの人間が、一つであるべき神のために、二つの異なった殉教をするというおろかしさを知っていたのがユマニストたちだったのです。

2　絶えず流れる地下水

歴史の流れの汚水処理役

新旧両派の行き過ぎや狂信に対して、「それはキリストとなんの関係があるのか。」と問いかける人々が、徐々に生まれてくるようになったことは、やはり、一見みじめで、弱く、無力のように思われるユマニスムが、地下水のように、つねに流れ続けていたからにほかなりますまい。

歴史がユマニスムによってつくられないことは事実かもしれません。狂信のほうが、新しい歴史の展開の動力になるかもしれません。しかし、ユマニスムは、歴史をつくることを目的とはしていません。むしろ、歴史の流れに見られる「痴愚」や「狂気」を指摘して、悲惨な事態をなるべく少なくし、同じ愚挙を繰り返さないようにすることを願うだけでしょう。

ユマニスムは、歴史の流れを下る人間の「しりぬぐい」役を勤める、といってもよいくらいです。

脈々と流れ続ける

ルネサンスも終わり、十六世紀の終わりに、フランス王アンリ四世が、「ナントの勅令」（一五九八年）を発布して、フランス国内において、信仰（良心）の自由を認め、新旧両教会の対立に終止符を打ったこと（この措置は一六八五年、ルゥイ十四世によって、国内政策上、廃棄されましたが）。

また、このルゥイ十四世治下においても、ポール＝ロワイヤル修道院のような真剣な自己粛正の動きが、旧教会内にもあったこと（この運動も弾圧されましたが）。

また現在、世界じゅうで、新教徒と旧教徒とが、単に教理上のことだけから殺し合いをするというようなことはまったくないこと。

さらにまた、最近では、ローマ教皇が、キリスト教のあらゆる宗派の積極的な和合統一に乗りだしていること。

以上のようなことを考え合わせれば、一見みじめで、無力らしいユマニスムの精神は、脈々として生き続け、人間が払わないでもよい犠牲はなるべく払わずにすむように、働き続けているように思われます。

忘れてはならない事実

ユマニスムの無力、その挫折《ざせつ》を語ることは容易ですし、その例と思われるものをあげることは、これまたわけもないことです。しかし、「それはメルクゥリウスとなんの関係があるのか。」の精神が、「それはキリストとなんの関係があるのか。」という問いのなかに宿り続け、さらに、「それは人間であることとなんの関係があるのか。」といい改められて、近代・現代にも生き続けているのです。

この事実は忘れられやすいことかもしれませんが、忘れられてはなりますまい。

ルターの改革の中心には、信仰至上主義思想があり、神と人間との仲介者である僧職者は、教皇も教会も修道院制度もすべて無用であるということが説かれました。それは、すでに触れましたとおり、当時の旧教会一般に、「それはキリストとなんの関係があるのか。」と問われるような弱点や欠点が数々あったからです。

激動のかげの小さなつぶやき

現在の旧教会の人々は、ルネサンス期の旧教会が犯した過誤をちゃんと認めていますし、宗教改革の波が全ヨーロッパに広がったとき、旧教会自身の粛正運動がけんめいに行なわれたことも見のがしてはいないでしょう。その後さまざまな問題をひき起こしながらも、それはそれなりに旧教会内の粛正に貢献した「イエズス会」(Compagnie de Jésus　イグナチウス＝デ＝ロヨラ〔一四九一～一五五六〕が中心になり、一五三四年に結成された旧教会側の修道会)の存在などは、旧教会側の自己脱皮の努力の現われとも申せましょう。

こうした歴史の表面に見られる数々の動向を見つめ、この動向に見られる人間のあり方に対して、新教・旧教の区別なく、「それはキリストとなんの関係があるのか。」と、いかに小声でありましょうとも、問いかけている人々がいたことは、ルネサンス期のユマニスムの地味な、しかし美しい数々の物語となります。つぎの章では、そうした物語を、フランス文学のなかからいくつか選んでみるつもりです。

聖書研究と並んで古代学芸の研究

この章は、「宗教改革とユマニスム」ですから、ユマニスムとキリスト教との結びつきを、ことさらに強く取り上げることになりました。しかし、ユマニスムが、「もっと人間らしい学芸」という考えに根ざすものとすれば、当時の「学芸」の中心に「聖書研究」があったことは当然としても、ルネサンス期に再発見・再検討されるにいたったギリシア・ローマ時代の「学芸」も当然問題になってきました。ユマニスムは、キリスト教神学の再検討を行ないつつ、ギリシア・ローマ時代の学芸をも再ぎんみしたのでした。それは、キリスト教万能の中世時代には、とかく埋没されがちだった古代の人間観、学術の方法、世界観などをよみがえらせて、新しい時代の有《もの》にする役割を演じたことになるのです。

したがって、ユマニスムを「人文主義」と訳すばあい、それは、「もっと人間らしい学（文）芸」(litterae humaniores) という語を重んじたものであるかぎりにおいて、古代の文芸、学問の研究という意味をも多分にもっていることになります。「故《ふる》きを温《たず》ねて新しきを知る」という格言がありますが、おそらく、ユマニストたちは、古代の遺産のなかから新しい時代に対処する方法・知恵をいろいろとくみだしていたにちがいありません。「ユマニストの王」と呼ばれたエラスムスが、当時随一の古典学芸の研究者だったことは、その間の事情を物語るでしょう。

4——ラブレーとカルヴァン（一）

1　ラブレーの仕事と足どり

素朴な中世伝説に豊かな血肉

フランソワ゠ラブレーとジャン゠カルヴァンとの名は、高等学校程度の歴史教科書にはかならず載っていますから、あなたにも全然新しいものではありますまい。ラブレーは、一見道化た膨大な諷刺物語を書いた作家として、カルヴァンは、フランスの宗教改革者として紹介されているはずです。

フランソワ゠ラブレー François Rabelais（一四九五？〜一五五三？）は、修道士であり、医者であり、作家でしたが、『ガルガンチュワとパンタグリュエル物語』（全五巻、一五三二、三四、四六、五二、六四年）という作品を公にしました。右に列挙した年代でおわかりのとおり、この物語の第五巻めは、作者ラブレーの死（一五五三年）後に発表されたもので、偽作であるかないかについて、いろいろな論議がなされています。

この長い小説は、ガルガンチュワとパンタグリュエルという巨人王の親子を中心にして、その臣下のさまざまな人物たちが活躍する物語です。巨人の王さまの誕生・成長・武勲、その臣下の動静という、フランスの中世の伝説を骨子とした、たわいもない、あるばあいには、子どもだましのようなところもある素朴な筋に、ラブレーは驚くほど豊かな血肉を添えました。ユマニストとしてのラブレーの知識や思想が、素朴な中世伝説を新しい時代にふさわしい作品によみがえらせているのです。

単なる巨大漢が理想的人間像に

たとえば、中世伝説中の巨人王に、ただからだが大きく、腕力が強いというような特性があったとするならば、ラブレーが創造し直した巨人王は、こういう肉体的な面以外に、精神・知識の点でも人並みすぐれており、あるときには、後者のほうに重点がおかれ、肉体的な巨人性が忘れ去られているばあいもありました。

この新しい型《タイプ》の巨人は、ルネサンス期の理想的人間像だともいわれていますが、それをいちおうたな上げにして考えてみたばあいにも、この巨人王たちは、ルネサンス期のユマニストたちがそうであったように、古代ギリシア・ローマの学芸に通暁して、「もっと人間らしい学芸」を身につけていること、また、「それはキリストとなんの関係があるのか。」と問いかける心根をもっている人物になっているのです。しかも、こうした特徴は、単に巨人王たちばかりではなく、その臣下の連中にも見られますし、物語の展開・叙述のあいだにも、はっきりと認められるものなのです。

こう申しますと、このラブレーの物語は、いやにむずかしそうにも思われるかもしれませんが、けっしてそうではありません。ラブレーが、おそらく、自分の考えを、教養ある人々にも教養のない人々にも、なるべく多くの人々に、笑いながら理解してもらおうと念願したためでしょうか、驚くほどの博学も、すこしもじゃまにならず、あるばあいには、故意に学者を気どってお客を笑わせる落語家のばあいのように、読者の程度にしたがって、高級な、あるいは平俗なこっけい感を起こさせるのに役だっています。

そのほか、ラブレーは、当時の一般大衆が好んで笑い話のなかなどに用いたさまざまな喜劇的技法、つまり、地口・しゃれ・語呂合《ごろあ》わせ・珍語・おとぼけなどを十分に駆使していますが、あるばあいには、下《しも》がかったこと、つまり、性器や糞尿に関するかなり露骨な描写や語彙《ごい》をたくさんに使って、読者を笑わせようともしています。

この後者の特徴は、日本の民間伝説や落語などにも見られますが、あなたにはっきり知っていただきたいのは、それが、いわゆるエロやグロとはまったく別なものであるということです。

つまり、ラブレーの念頭には、人間がいかに高等な学問や崇高な芸術に携わり得ようとも、みんな、用便をせずには生きていけないものだという、ごく平凡な、しかし、とかく忘れられやすい人間の姿が、つねに宿っていたらしく思われます。すなわち、「天使になろうとして豚になる。」という西洋の古諺《こげん》が、ラブレーの心にあったわけです。

道化に宿る批判精神

ラブレーは各自が、このような、ある意味ではみじめな人間を十分に自覚してこそ、ゆがみのない人間が生まれるということを考えていたのではないかと思われます。したがって、性器や糞尿の話にしても、わたしたちの興味をそれだけに集中させるというようなところは、まったく見あたりません。きたない話だという印象がないとはいえませんが、それはさらりとして、健康的であり、いわゆるエロやグロのじめじめした陰性なところはまったく感じられないのです。

こうした道具だてや舞台装置の前で演ぜられる「物語」は、ふざけすぎて、道化ていて、こっけいで、たわいもないような感じを与える面を多分にもっているのです。しかし、思いがけないところに、思いがけない姿をして、作者ラブレーが、「それはキリストとなんの関係があるのか。」と問いかけている姿が見えるのです。ですから、少なくとも生前に出版された第四巻めまで、各巻が発表されるたびに、フランスの思想検察機関ともいえるパリ大学神学部（ソルボンヌ神学部）から告発され、何巻かは禁断書にされています。これはこの道化すぎた物語に託された作者の考え方が見ぬかれていた結果にほかなりますまい。

エラスムスを心の父と仰いで

ラブレーの生涯《しょうがい》をごく簡単にしるせば、つぎのようにもいえるでしょう。

ラブレーは、一生、かれがその「精神の上での父」として尊敬していた、あの「ユマニストの王」デシデリウス＝エラスムスと同じように、旧教（カトリック）の僧職に身をおいていました。

青年時代を、旧教のいろいろな宗派の修道院で送りましたが、いわゆる在家僧になる許可を得て、フランス各地の大学で、古典学はもちろんのこと、法律や医学を勉強したと伝えられています。とくに医学方面では優秀な才能を示し、南仏のモンペリエ大学で医学博士の学位を獲得しているくらいです。

生活のために、当時ようやく盛んになり始めていた古典文芸の翻刻に携わったり、『ガルガンチュワとパンタグリュエル物語』をつくったりしましたが、そのかたわら、フランス王側近の高官ジャン＝デュ＝ベルレー枢機卿その他の人々の庇護《ひご》を受け、侍医として仕え、これらの人々に従ってたびたびイタリア旅行をしています。晩年の消息は詳しくわかっていませんが、ちょうどエラスムスがそうであったように、旧教会側からも新教会側からも白い目で見られるというようなうきめに会っていたようです。エラスムスに私淑し、おそらくエラスムスと同じ精神に生きたとも考えられるラブレーと、フランスにおけるマルチン＝ルターともいえるジャン＝カルヴァンとを比較して、ふたりの生き方を、ユマニスムという点にしぼって考えてみるのがこの章の目的ですが、その前に、ラブレーについて記述したと同じ程度の簡単な説明を、カルヴァンについてもすべきだろうと思います。

2　カルヴァンの仕事と足どり

「寛容」と取り組む若い神学生

ジャン＝カルヴァン Jean Calvin（一五〇九〜六四）は、三十歳台までは、旧教の聖職者になろうとして、主としてパリで、古典学・神学を熱心に勉強しており、まれに見るまじめな、また秀才神学生だったようです。かれが、一五三二年に発表した『寛容について』は、そのころのカルヴァンのユマニストとしての面影をうかがわせるものといってもよいでしょう。この書物は、ローマの有名な皇帝ネロの師匠《ししょう》であったセネカ（前四？〜後六五）の著作を翻刻注解したものであり、古典の再検討にいそしむユマニストとしての面目を遺憾なく示すものでした。

しかし、それ以外に、カルヴァンが、寛容について論じた書物に関心をもち、これと取り組んだことについては、当時のフランス国内の宗教事情がからんでいます。

弾圧に訴える

そのころ、フランスにかなり流入していたルターの宗教改革思潮に対する旧教会側からの弾圧は日増しに強まっていました。ところが、弾圧が強まれば強まるほど、また、新教徒の「殉教者」ができればできるほど、新教徒たちの旧教会側に対する抵抗・反抗も熱を帯びてきていました。つまり、旧教会側の不寛容な暴力的圧迫は、狂信の相を見せ、新教徒たちの反抗も、同じく狂信的なものになりかけていたのです。

ジャン＝カルヴァンは、当時旧教会側の人間として、その有力者に寛容の必要を訴えようとしたものでしょう。権力のある側の人々が、不寛容な方針をとるばあい、同じキリスト教徒が、同じキリストの名においていがみ合い、殺し合うという悲惨事が起こるのを察したのでしょう。それが、『寛容について』の翻刻注解の発表となったとも考えられます。

カルヴァンは、古典学者として、「もっと人間らしい学芸」の探究にいそしむと同時に、現実のゆがみを指摘して、「それはキリストとなんの関係があるのか。」と問いかけていたことにもなります。

にらまれて各地を転々

しかしすでに、エラスムスとルターとのばあいのように、いくらエラスムスが、痛烈な諷刺書『痴愚神礼賛』を書いても、現実の事態はすこしも改善されずにいました。そして、ルターの思いあまっての実践運動のほうが、はるかに事態を推進するらしく思われました。たしかに、ルターの断行によって、旧教会制度中の欠陥が明るみにだされ、さらに、こうした欠陥のない新教会の制度が地上に生まれ、その信者たちが数を増したという新しい現実がつくられたことにもなります。

カルヴァンは、『寛容について』を発表してからまもなく、一五三四年に起こった旧教会側からの激しい弾圧事件のうずにまきこまれ、フランスから亡命することとなったのが、いわばきっかけとなって、旧教会側と手を切り、実践的な宗教改革者としての道を歩み出すことになるのです。カルヴァンは、その前年から、新教臭のある人物として、当局からにらまれかけており、そのため、パリから逃亡して、フランス各地を転々としていたのでした。

「檄文《げきぶん》事件」と新教徒の大弾圧

一五三四年の事件は、フランス歴史の上でもきわめて有名な「檄文事件」です。これは、一五三四年の十月十七日夜から十八日にかけて、旧教の重要な典礼である弥撒《ミサ》聖祭その他を愚弄《ぐろう》した檄文が、ほとんど同時に、パリはもとよりフランス各地の主要都市にばらまかれ、しかも、それが、当時アンボワーズ城にいた国王フランソワ一世の寝室のとびらや洗面所の器のなかにも発見されたという事件でした。

その真相は、いまだに正確にはつきとめられていませんが、相次ぐ迫害のために狂信的になった新教徒たちの組織的な暴挙とも考えられました。それまで国内政策として、教会の権力を押える目的から、宗教改革運動に比較的寛大だった国王フランソワ一世も、こうした事件が起こりますと、旧教会側（パリ大学神学部）からの圧力に屈したのです。そして、このような不祥事件が起こったことに対する贖罪行列に自ら加わり、さらに、異端の徒である新教徒やその同調者たちに厳重な断罪処置をとることを認めざるを得なくなってしまいました。そして、多くの人々が追放され、火あぶりの刑にも処せられたのでした。

亡命地スイスから『国王にささぐるの書』

カルヴァンは、それまでの行動から当然追及を受けましたが、ただちにのがれて、翌一五三五年には、スイスに身を寄せたのです。このときのカルヴァンは、どの程度に旧教会と絶縁したいと思っていたのか不明ですが、もはやあとへは引かれぬ気持ち、なんとか手を打たねば、自らの信ずるキリスト教を守り通せないというような切羽《せっぱ》つまった気持ちになっていたにちがいありません。一五三六年、カルヴァンは、ラテン語で、自らの信ずるキリスト教の信者たるものの心得をしるした、有名な『キリスト教綱要』（あるいは『教程』と訳される。フランス語版は一五四一年に発表）を公にしました。

この大著の序文にあたる書簡形式の『国王にささぐるの書』には、当時の悲壮なカルヴァンの心持ちがよく表われているといわれています。それは、王が異端糺問《きゅうもん》に名をかりて、罪もない温良な新教徒を迫害するおろかさを指摘し、ぜひ思い直していただきたいし、もしこのままの事態が続くと、迫害された人々がどのような心持ちになるものか心痛に耐えないということを、うやうやしい態度で述べたものでした。

しかし、フランス国内の情勢は、カルヴァンの願いとは逆に動いていき、十六世紀後半のフランスを血で染めあげる宗教戦争の前駆のような事件が、つぎからつぎへと起こるようになりました。

自らも迫害者の立場に

この当時の新教に改宗した人々は、中産階級・市民階級、および王権に対する不平分子ともいえる貴族階級から多く出ていたようであり、この特質が、宗教戦争の性格を複雑にし、政治的、経済的なものにもしたのでした。カルヴァンには、「神から選ばれたもの」という自負があり、自分の信ずるかぎりでの正しい、い、い、かるべき新教会の確立と擁護とのために、すすんで政治的、経済的闘争のうずのなかに飛びこんでしまったのです。この点は、ルターと同じ心根でした。

必死の努力によって、一五四〇年ごろから、スイスのジュネーヴでの新教会の設立が緒につきました。しかし、ジュネーヴという町を、自分の理想どおりの神政一致の都市国家に築き上げるために、あらゆる障害を排除し、粛正に粛正を重ね始めたカルヴァンは、かつて旧教会側から自分がこうむった迫害を、今度は自分が他人に加えざるをえなくなってしまうのでした。そして、「それはキリストとなんの関係があるのか。」という批判を、カルヴァン自身が受けることにもなるのでした。

このことは、次章で別に述べなければなりませんが、一言にいって、カルヴァンは、ユマニストとして出発し、しかも、その情熱的な信念にかりたてられたまま、ユマニストであることをやめてしまったともいえるのです。

カルヴァンの教理

カルヴァンの教理は、ルターのそれをさらに前進せしめたものですが、それは、たびたび引用する榎・堀米両先生編の『高等世界史』に、つぎのように説明してあるとおりです。

「かれの教えは、ルターよりも、いっそう徹底したものであった。かれによれば、魂の救いは、永遠の昔から、神によってあらかじめ定められており、だれもこの予定を変えることはできない、また人々はただ、自分が献身する職業の成功を手がかりにして、魂の救いを確信できるだけである、というのであった。そのため、かれの教えに従う人々の世俗の生活は、さながら、中世の禁欲的修道生活のようになった。またかれは、教会の権威にも、世俗の権威にも妥協しない、一種の共和主義的な考えをもったが、これらの考えは、向上しつつある中産の市民・農民の意識に合致し、フランスやネーデルランド・スコットランド・イングランドへと普及していった。」

3　ふたりの相似点と差異

同じ心に燃えたユマニスト

同時代に生きていたラブレーとカルヴァンとは、同じ時期に同じところにいたことがあると考えられないこともありません。また、おたがいに知り合っていたのではないかと思われるふしもないでもありません。ただし、これにはきめ手となる確証がないので、断定は不可能です。

しかし、カルヴァンの『寛容について』が出版された一五三二年には、ラブレーの『第二之書パンタグリュエル』（ラブレーの物語中この第二巻めが最初に発表されたのです）が公にされ、しかも検察当局から異端臭のある書物として告発され、禁断書になっています。また、一五三四年には、ラブレーの『第一之書ガルガンチュワ』が出版され、しかも、この書物も問題となり、ラブレー自身も、例の「檄文事件」のときには、身に危険を感じて、姿をくらましています。

これらのことから察して、少なくとも、一五三〇年代の終わりごろまでは、つまり、カルヴァンがジュネーヴで新教会の礎《いしずえ》をおくまでは、ふたりとも同じ方向を向いて歩いていたと考えられます。ふたりとも、「もっと人間らしい学芸」を求める心に燃え、そして、ゆがんだもののいっさいに対して、「それはキリストとなんの関係があるのか。」と問いかけるユマニストとして、たもとをつらねていたとも申せましょう。

まったく正反対の性格

この時代にカルヴァンが書き残したおもなものは、翻刻注解本の『寛容について』だけといってもよいのですが、ラブレーのほうは、前述のように、『ガルガンチュワとパンタグリュエル物語』の第一巻めと第二巻めとを公にしています。したがって、この時代のカルヴァンの心境を具体的に示すものはほとんどないのに比べて、ラブレーのばあいは、材料がありすぎて困るほどだといってよいでしょう。

どちらかといえば沈鬱《ちんうつ》な東北フランスのピカルディ地方出のカルヴァンと、明るくて豊かな中部フランスのトゥレーヌ地方出身のラブレーとでは、その性格・気質が当然異なっていることが考えられます。かりに、いくらカルヴァンが道化たとしても、ラブレーの足もとには及びますまいし、いくらラブレーが峻厳《しゅんげん》な態度を示したところで、カルヴァンのそばに並ばせれば、まだまじめさがたりないといわれるにちがいないほど、このふたりの為人《ひととなり》はちがっています。また、カルヴァンは、ラブレーのあふれるような表現力をもつわけにはいかないようでした。

しかも同一のものに同一の質問

しかし、ラブレーのふざけた表現の下に秘められたものは、その大部分が、前に引用しましたルノーデ・オーゼの文章（四五ページ）の内容でもありえたわけですし、その部分は、ラブレーとカルヴァンとが同一のものに対して、「それはキリストとなんの関係があるのか。」という同一の質問を発していたことを示していたと申せましょう。

したがって、ラブレーとカルヴァンとが、少なくとももとをつらねていた時代に、ともにどのようなことに関心をもっていたかは、ラブレーの作品を通じてうかがうことができるように思われます。

青年期を修道院で送ったラブレーは、そこで神学一般や古典学に関する知識を得たにちがいありませんが、当時の修道院制度に見られたさまざまな欠陥をも身をもって体験したことも確かでしょう。そして、このさまざまな欠陥を欠陥として感じえず、あるいは感じても自分の安穏な生活のためにこれを見のがし、さらにこれを悪用する人々が多かったなかで、このさまざまな欠陥を欠陥としてながめ、矯正しようとしたところに、新しい時代の精神に、いつのまにか触れていたラブレーの姿があるように思います。

禁令のギリシア語の本

聖書のテキストを検討して、いちだんと正しいものにしようとしたユマニストたちの努力を白い目でながめていた怠惰で姑息《こそく》な人たちから見れば、新しい研究の手段となるギリシア語は、異端のことばでした。なるほど、オランダのエラスムスも、あとで簡単に紹介するフランスのルフェーヴル＝デタープル（一四五〇？〜一五三六）も、ヘブライ語・ギリシア語の聖書と、当時旧教会で用いられていたラテン語の聖書とを比較検討した結果、長いあいだなんの疑いもなしに金科玉条とされてきたラテン語の聖書の誤謬《ごびゅう》や、解釈上疑義ある点などを指摘いたしました。

したがって、こうしたすぐれたユマニストたちの「もっと人間らしい学芸」を求める心は、じゃまなもの、よけいなものと思われたでしょうし、そのさい研究の手段となっていたギリシア語が危険思想・異端思想を広めるものと考えられたのもやむを得ませんでした。

けれども、ラブレーは、修道院時代から、エラスムスの業績を尊敬し、かれに手紙を送って、学問上の師、ないし父としてあがめるむねを告白していますし、上司の禁令にもかかわらず、ギリシア語を学び、ギリシア語の書物を入手し、ついにそれが発覚して、所持したギリシア語の書物を没収されるという憂きめに会ったとも伝えられています。

ルフェーヴル＝デタープル

さきのルフェーヴル＝デタープルは、わが国にはあまり知られていない人物ですけれども、フランスの宗教思想史上では、かなり重要な役割を果たした人です。第一に、かれは、フランスにおいて、エラスムスとほとんど同時に、おたがいに打ち合わせもせずに、聖書のテキストの検討という、ユマニストの仕事をしたことで有名です。第二には、旧教会の自粛を念願して、一五二三年ごろからパリ近くのモー（Meaux）の町の教会を中心として、同志の人々とともに、自らの理想に則した温和な宗教改革的実践運動に乗りだしたことです。

しかし、旧教勢力の強いフランスでは、この種の微温的な改革をすら許されず、一五二五年には、弾圧され、同志の結束も四分五裂されてしまいました。ルフェーヴル＝デタープルを中心とするモーでの実践団体は、史上、「モーの人々」「モーの聖書学者」「ファブリスト」（Fabristes）（これは、ルフェーヴル＝デタープルのラテン語名 Faber Stapulensis の Faber にちなんだ呼び名）として知られていますし、カルヴァンの宗教改革運動に先だってフランスに見られた温和な改革運動の最初の団体行動といってもよいでしょう。ついでにしるしますが、この団体に初めは所属し、しかも、その微温的な傾向を不満として脱退してしまったギヨーム＝ファレル（一四八九〜一五六五）は、フランスから亡命し、いずれカルヴァンの転身を激励することになるのです。

このようなわけで、ルフェーヴル＝デタープルは、フランスの宗教思想史上、カルヴァンに次いで、重要な存在であるのみならず、フランスのユマニスムの歴史の上でも見のがすことのできない人物なのです。

5——ラブレーとカルヴァン（二）

1　カルヴァンもうなずく

師エラスムスの諷刺を上回る

修道院およびその制度の背後に厳然と控えていた神学者たちやローマ教皇に対する批判は、たとえば、エラスムスの『痴愚神礼賛』のなかに十二分に見られますが、エラスムスの精神的な弟子《でし》であるラブレーのばあいには、同じ諷刺がいちだんと漫画化されて行なわれているのです。その例は、きわめてたくさんありますが、ここでは、もっとも有名なものをすこし紹介することにします。その前に、2章末に引用したルノーデ・オーゼの著書中の一文（四五ページ）をもう一度読み直しておいていただくほうがよいと思います。

一五三二年に、『ガルガンチュワとパンタグリュエル物語』の筋の上で第二巻めにあたる『第二之書パンタグリュエル』が出版されました。前にも書きましたように、この第二巻めが、ラブレーが発表した最初の作品になるのであり、筋の上での第一巻めにあたる『第一之書ガルガンチュワ』は、一五三四年に、『第二之書』のあとで、公にされているのです。このことは以下の説明にも若干関係しますから、いちおうのみこんでおいていただきたいのです。

ずきんの穴から盗み見する連中にご用心

『第二之書パンタグリュエル』（一五三二年）の初版にも、数々の注目すべき文章がありますが、この書物の一五三四年改訂版に、つぎのような補加文が見られます。

「この世に蠢々《うようよ》いたし居る犬儒法師《サラバイット》や白癩坊《カゴ》や蝸牛和尚や偽善坊主や似而非《えせ》信者や破戒僧や半靴法師や（以上は主として当時の陰険な修道士）、そのほか、……人々を欺く為に仮面を被り、役者同然の変装をいたすこの種の手合いは、……（中略）……自分たちは専ら瞑想に耽り礼拝にいそしみ、断食によって五欲煩悩の身を責めさいなむ外になすべきことはないとか、……（中略）……言って、巧言たらたら世の善男善女に語り聞かせて置きながら、事実はその逆で、飲んだり食ったりの言語道断な大乱痴奇。……（中略）ところで、こういう連中が、何に精を出すかと申せば、……（中略）……ぎく〳〵ぴく〳〵こそ〳〵ちょろ〳〵ひそ〳〵やって、他人を讒訴誣告《ざんそぶこく》するだけである。このようなことをいたす奴らは、桜実《さくらんぼう》や桜桃の盛りに、童子どもの糞便をほじくり返し掘り出して種子を採り出し、これを桜油《ユイル＝ド＝マグレ》を作る薬種屋へ売ろうとする様な乞食どもとそっくりである。……（中略）……頭巾の孔から盗見をいたす連中には御用心御用心。」（『第二之書』第三十四章）

当然出るべくして出た諷刺

ラブレーの時代の修道院や修道士が全部、右の文章でこきおろされたようなことを本来の使命とはしていなかったでしょう。しかし、ラブレーは修道院生活を経験し、その欠陥や短所を詳しく見聞しています。そのうえ、動脈硬化に陥った制度を小心翼々として守って、自己の安全と立身出世とをしか考えない修道士たちの密告や告発によって、うきめにも会っているのです。

修道院の生活は、善男善女が考えるようにりっぱなものではなく、修道士たちの行動は、神に仕えるよりも教会の上司たちに忠臣面《づら》をすることに重心がおかれているということを、ラブレーは、前記のような道化た文章にしているわけなのです。

ルネサンス時代にかぎらず、中世期中ごろからすでに、修道院や修道士の堕落、腐敗の実相は、数々の物語にしるされています。しかし修道院がなまけ者や狡猾漢《こうかつかん》の巣窟《そうくつ》であるばかりか、宗教のことをまじめに考える人々の言動が、自分たちにとって不利であるからといって、その人々を讒訴誣告するような面が濃厚になっていたばあい、やはり、エラスムスやラブレーのような人の諷刺が生まれるのは当然だ、ということにもなりましょう。

先にあげたラブレーの文章のうちに、「ぎく〳〵ぴく〳〵……」という奇妙な句がありましたが、これは、わたしがわざとふざけて訳したのですが、こうでも訳しませんと、どうにもしまつに困る奇妙な動詞の羅列《られつ》なのです。どの単語も、けっきょくは、「珍妙なかっこうをして卑しいことをしている。」ぐらいの意味であり、このようなふざけたところは、ラブレーの作品にはたくさん出てきます。

棍棒《こんぼう》でなぐられる猿同然

一五三二、三四年ごろのカルヴァンは、もちろん、右の文章中に表現された内容にはまったく同感だったと思いますが、ラブレーのような道化た、そして生き生きとした表現を用いることは、とうていできなかったろうと考えられます。

一五三四年に発表された『第一之書』第四十章には、主人公ガルガンチュワのことばとして、つぎのようなかなり有名な文章が見いだされます。

「猿猴《えてこう》は、犬のように家を護ることも絶えてなく、牛のように鋤も牽かず、牝羊のように乳も羊毛も作らず、馬のように重荷を背負うこともいたさぬ。なすことと申せば、あたりかまわずに糞尿を垂れ流し、悪戯《わるさ》をいたすだけのこと。なされればこそ、あらゆる人々の嘲笑の的となり棍棒で殴られるしだいとは相成る。

これと同じく修道僧は（と申しても、坐食徒然の修道僧の義じゃが）、農夫のように汗水流すこともせず、武士《もののふ》のように国土をも衛らず、薬師《くすし》のように病人を医しもせず、優れた福音伝道師や教育者のように、世人に教を説くこともなく、商人《あきゅうど》のように国家社会に必要な利便物資を運ぶこともいたさぬ。されぱこそ、万人より嘲笑され、忌避されるのだ。……（中略）……奴らは、自分らには何のことやら判りもいたさぬ聖人伝やら聖歌の類を、無闇矢《や》鱈《たら》、むにゃ〳〵と唱え立て、数珠玉を矢鱈と爪繰り、長ったらしい『アヴェ＝マリヤ』を合いの手に入れ、しかも心はそこになく、意味もへちまもあったものでない。」

ラブレーの夢「テレームの僧院」

こうした有名な諷刺も、おそらくカルヴァンの賛成を得たに相違ないと思われますが、それは、前にもしるしたとおり、この当時（一五三四年代）のカルヴァンもラブレーも、まったく同じ対象に対して、「それはキリストとなんの関係があるのか。」と、問いかけていたと考えられるからです。

さて、『第一之書ガルガンチュワ』（一五三四年）の巻末数章は、ラブレーのユートピアともいえる「テレームの僧院」（Abbaye de Thélème）についての叙述にあてられていますが、この「僧院」は、それまでの修道院とは、あらゆる点で逆な修道院でした。この新しい「修道院」では、美男美女が、豪華な衣を着て、「汝の欲するところをなせ。」という規則以外にはなんの規則にも縛られない、自由で楽しく、しかも責任ある生活を送ることになるのです。

この数章で、ラブレーは、すこしもふざけもせず、諷刺的でもなく、いわば陶然として、自分の夢にふけっていると申せましょう。しかし、この当時から、カルヴァンには、こうした「テレームの僧院」の夢を心に宿すことはとうていできなかったであろうと思われるのです。

カルヴァンの夢は中世的な禁欲勤行

なぜ、カルヴァンにその夢がもてなかったのでしょうか。

先に引用した『高等世界史』の一節（八二〜八三ページ）にもあったとおり、カルヴァンは、その当時の修道院の腐敗を清掃しなければならぬと確信し、その点ラブレーとは同意見だったはずですが、ラブレーがおそらくもっていたにちがいない人間の「性善説」（それはギリシア・ローマの文芸からつちかわれたラブレー自身の人間観だったと思いますが）が、カルヴァンには見あたらないと思うからです。

むしろ、原始キリスト教にも見られる古代へブライのきびしい人間観、「性悪説」といってもよいものが、カルヴァンの性格に合った、あるいはこれと合致していたために、ラブレーの「テレームの僧院」の夢は、おそらく理解できず、逆に、カルヴァンの夢は、神々を恐れる、禁欲勤行一点張りの中世的な純粋な苦行生活のほうへひかれていったと申せるかもしれません。

この差異は、一五三四年代には、まだ明瞭《めいりょう》には現われていなかったとしても、やがてそれは、ラブレーとカルヴァンとを対立させる因子となるのです。『第二之書』（一五三二年）、『第一之書』（一五三四年）時代には、ラブレーだけが発言し、カルヴァンの気持ちをも代表していたといえるかもしれません。神学者に対するラブレーの諷刺も、まさにその例となるでしょう。

十六世紀前半のユマニストの運命

ラブレーは、修道士から悩まされた以上に、神学者、とくにフランスの思想検察局であったパリ大学ソルボンヌ神学部の神学者からは、生涯圧迫を受け通しでした。これは、ルネサンス期の大部分のユマニストの身の上に起こったことですが、ラブレーが、ルゥイ＝ド＝ベルカン（一四九〇〜一五二九）やエチエンヌ＝ドレ（一五〇九〜四六）のように火あぶりに処せられなかっただけ、幸福だった——いかに巧妙に立ちまわったか、という卑しさがかりにあるとしても、——といえるかもしれません。

ベルカンは、エラスムスやルターの著書の翻訳者として知られたユマニストでしたし、ドレは、新教関係、あるいはユマニスム全体に関係ある書物を刊行した出版業者でもあり、ユマニストでもありました。この本では、これらの人々に触れる余裕がないのは残念ですが、十六世紀前半において、これらの有名な人物たちとともに、旧教会側からの迫害によって落命した人々がどんなにたくさんいたかということを察していただきたいと思います。

またそれだけに、ラブレーの全作品は、形こそ変わっていくにせよ、一貫して諷刺的な性格で貫かれることになり、またカルヴァンの生涯が、憤激と回心によって、思わぬ展開をすることになったことをも理解していただきたいと思います。

ラブレーのへど

ラブレーの『第二之書パンタグリュエル』(一五三二年)の一五三四年版から一五三七年版にかけて、第十八章に増補され、さらに一五四二年版では削除された短文は、ソルボンヌ神学者に対するいかにもラブレーらしい憎悪と侮蔑とを表現しています。

つまり、ラブレーは、ソルボンヌ神学部の神学者たちを、Sorbillans, Sorbonagres, Sorbonigenes, Sorbonicoles, Sorboniformes, Sorbonisecques, Niborcisans, Borsonisans, Saniborsans と呼んでいるのです。どの単語も、ソルボンヌ Sorbonne という字をもとにしてつくったでたらめな語であり、「ソルボンヌばか・ソルボンヌ野郎・ソルボンヌ下郎・ソルボンヌ気違い・ボンソル野郎・ソボルン野郎……」とでも訳すよりほかにいたしかたがありません。まるで、胸いっぱいにたまったむかむかした気持ちを、げろにして吐き出すとでもいってよいでしょう。

こうした罵倒に近い句が、『第二之書』（一五三二年）の初版にはなく、その一五三四年版から現われ、さらに一五四二年版では削除されているということは、ややこしい考証問題を越えたきわめて劇的なものを、わたしたちに感じさせます。

検察当局と虚々実々の応酬

一五三二年に出版された『第二之書』が、ソルボンヌ神学部から告発されて禁断書になったことが、ラブレーをして、つぎの一五三四年版において、先のような罵倒に近い文句を補加せしめたことにもなりますし、こうした文句が、さらに検察当局を刺激した結果、ラブレーは、後退して、一五四二年版では、これを削除しているという結果になるからです。本来、『第二之書』（一五三二年）の初版には、神学者に対する諷刺は、そうたくさんあるわけではなく、あなたも想像なさるとおり、むしろ、これに次いで公にされた『第一之書』（一五三四年）のほうに多いのです。

『第一之書ガルガンチュワ』においても、その一五三七年版以前の諸版では、

「神学者」という字が明らさまに用いられていましたが、一五四二年版からは、「神学者」という字はすべて、「詭弁学者《きべん》」という語に替えられています。「詭弁学者」というのは、本来はかならずしも悪い意味の語ではありませんが、もちろんこのばあいは、「三百代言」というような、にくまれ口に用いられています。ルネサンス期の多くのユマニストは、ラブレーも含めて、「それはキリストとなんの関係があるのか。」と、尋ねられるような瑣末な議論にむちゅうになっていた神学者たちのことを、「詭弁学者」と呼んでいたわけです。

2　批判し続けるラブレー

神学者にしゃべらせる神学者批判

『第一之書』は、『第二之書』と比べて、神学者批判の点では、量も多くなっていますが、つぎのような神学者批判ないし諷刺の例があります。

ひとりの神学者が報酬の点で神学部当局といがみ合うこととなる挿話です

が、ラブレーは、この神学者を巧みに使って、神学者全体に対する罵倒のことばをしゃべらせています。

「この地上に、貴様たち（＝神学者たち）よりも腹黒い奴は居らぬということぐらい、わしもよっく心得とるわい。本物の跛足の前で跛足の真似はよしになされ。相手が悪うござるわ。貴様たち相手に根性曲がりの腕を磨いてきたこのわしだ。……貴様たちの手管や策謀から、ここにつくりだされる非道な悪弊の数々をば、王様にお訴え申し上げるわい。そして、王様が、貴様たち全部を、神と美徳との仇敵たる鶏姦者《けいかんしゃ》や裏切者や異端や外道のやからと同じく、生きながら火あぶりにして下さらねば、いっそのこと、このわしが癩病にでもなったほうがましだわい！」（第二十章）

有名な演説の終わりの一句

こうした神学者呪咀のことばを吐くのは、ほかならぬ仲たがいをしたひとりの神学者なのですが、この神学者の演説が同書の第十九章に出ています。それは、漫画化してありますから、ただこっけいなだけであるとしても、形式的な論理と空疎な論旨と既成（スコラ哲学）の用語とを並べたてて、キリストとはなんの関係もない、末梢的議論にふけっていた当時の神学者たちの恐るべき戯画となっているのです。

この有名な「演説」をここに紹介するためには、かなり多くの予備的な説明や字句の解義などをしなければなりませんので、ここではただ、この神学者の「演説」の終わりに見いだされる、

「異端の徒など、わしらは、蠟細工《ろうざいく》同様に、いつでもつくりだせますわい。」

ということばについて、すこし述べておきましょう。

これは、全体がふざけた「演説」中の一句ですから、それ自体ふざけてはいます。しかし、その当時の異端者狩りは、きわめて深刻であり、そのうえ、異端者の極印を打たれたら、投獄・追放・火あぶりのうきめをまぬかれ得ませんでしたし、検察当局がこいつはじゃまだと思ったら、罪もない人間を異端者にしたてて、これを片づけることも可能だったわけです。

〔冗談に秘められた酷薄な時代相

カルヴァンにせよラブレーにせよ、当時、教会に対して批判的であるという理由だけで、同じようなうきめにあう危険はありえたのですし、また、「檄文事件」（七八～七九ページ）のおりには、まさにそのような危険に遭遇したといってもよいのでしょう。したがって、「蠟細工……」という句は、ふざけた表現の下に、きわめて酷薄な時代の一面を秘めていることになります。

ラブレーは、その作品中でたびたび、「……であることを断言する、たとえ火刑にあってもとは申さぬが」（jusques au feu *exclusive*）というような奇妙な語句を使っています。これは明らかに、「……を断言する、たとえ火刑にされても」（jusques au feu *inclusive*）という強い誓いのことばをもじったものであります。

もっとも、ラブレーは、「犬が西を向けば尾は東」というようなあたりまえなことや、ふざけた冗談などを述べるおりにも、右のような語句を用いるのですから、たいした意味はないのかも知れませんが、もちろん「火刑になってもいいから……と断言する。」という気持ちなどなかったことも事実でしょう。こうしたふざけた表現はまた、ラブレーにはしっくりしても、カルヴァンとは、まったく縁のないものでしょう。

法律のわからぬ法律家ども

　このように、かなりふざけた形であるにせよ、修道院や修道士や神学者に対して、「それはキリストとなんの関係があるのか。」と問いかけたラブレーは、その点だけでも、ユマニストとしての面目を示しているわけですが、ユマニスムは、「もっと人間らしい学芸」を求める以上、単に神学や教会制度だけを批判するにとどまらず、もっと他の分野にも及びうるわけですし、そうした方面でのユマニストとしての発言が、もちろんラブレーにも見られます。

　たとえば、ラブレーは、当時の法律学に、本末を転倒したところがあり、人間が自分のためにつくった法律を使う面よりも、法律が人間を使っているような面のほうが多いことを嘆き、つぎのように、パンタグリュエルにいわせています。

「そもそも法律と申すものは、人間性及び自然一般に関する哲理から生まれ出たものである以上、神かけて、拙者の騾馬よりも哲理を考究し居らぬ、かの気違いどもに、どうしてそれが判り申そうか。古典人文学ならびに古代及び史記に対する知識にいたっては、蟇蛙に羽毛が生えて居らぬのと同然の有様で、てんでお話にもならぬが、しかも法律には、かかる知識が充ち溢れて居り、これの心得なき折には、理解し能わぬものじゃ。」

これには、動脈硬化した当時の法律学を、「もっと人間らしい」ものにしようとする希望が現われているはずですが、こうした学芸の改造・建て直しの機運は、その他の分野にも見られ、ルネサンス期の学問の開花となるのだと思います。今まで、ユマニスムの説明のつごう上、宗教や神学関係の問題を中心としてきましたが、ユマニスムとは、たしかに宗教問題や神学研究に端を発したとはいえ、同じ態度で、あらゆる文化現象に対処するだけの幅の広さを当然もっていたことになります。

さて今までのところは、一五三二年、三四年ごろのラブレーとカルヴァンとは、ユマニストとして、同じ考えをもっていたと考えてもよいだろうと思われるということを、ラブレーの作品を通して見てきました。

しかし、すでに触れたように、性格の上でもたいへん差のあるラブレーとカルヴァンとは、いつまでも「同志」としてユマニスムの運動に参与し続けることはできなくなるのです。

では、このふたりはいつごろから反目するにいたったか。つぎにそれを追ってみましょう。

3　激しい対立と反目

カルヴァンを暗に悪人と呼ぶ

『第二之書』が検察当局に告発されたことをカルヴァンが知っていたらしい文献が残されています。それによりますと、カルヴァンは、少なくともラブレーの筆禍事件をけっして喜んではいません。むしろ、このような事件が起こったことを遺憾としていたといってもよいようです。ところが、一五四〇年代になりますと、事情がちがってきます。

「……であることを断言する、たとえ火刑にあってもとは申さぬが」といった調子で、道化た物語を書き続けていたラブレーは、フランス国王の有力な側近を庇護者として、ぶじに生き延びますが、これにひきかえ、「突然の回心」(conversio subito) を経て、「神の命ずるままに」という使命感に推進されていくカルヴァンのほうは、フランスを去り、ジュネーヴで改革実践運動に乗りだして苦闘することになってしまいました。

ラブレーとカルヴァンとのあいだに、どのような個人的な事件が起こっていたか、それはまったく不明です。しかし、一五四二年に、ラブレーが、その『第二之書』を訂正・補加したさいに、「悪人」を表現するいくつものことばのなかに、「予定論者」という字を新しく加えています。これは、明らかに、カルヴァンの神学説に対する暗喩でした。

「悪魔つきのカルヴァンども」

これを単に、ラブレーが旧教会側へ色目を使い、カルヴァンを「悪人」扱いにしただけだといってしまえば、それまでのことになります。しかし、一五四六年に出した『第三之書』、一五五二年に出した『第四之書』を通じて、カルヴァンをののしることばはその数を増し、またその度合いも深まっていくのです。ラブレーは、なにかといえば、「予定論者」という字を使って愚弄するばかりでなく、『第四之書』第三十二章では「ジュネーヴのぺてん師・悪魔つきのカルヴァンども」と、明らかにカルヴァンの名をあげて、これを罵倒するようになっています。

こうした傾向は、ラブレーが、旧教会側からの迫害をのがれようとして、わざとカルヴァンの悪口をいったと仮に考えられるとしても、さらに、もっと本質的な問題、つまり、ジュネーヴで一王国を築き、きびしい粛正を行ない、宗教戦争の渦中に陥りかけていたフランス国内の新教徒たちを援助し始めたカルヴァンに対するラブレーの反発とも、当然つながっていると考えることも可能と思います。

危機に立つカルヴァンの反撃

カルヴァンは、一五四四年に『ニコデモの徒への釈明』を公表し、表面は福音に従うふりをしながらも、その心中では、これをあなどっている連中を非難していますが、これにはとくに、ラブレーの名はあげてありません。しかし、遠まわしに、ラブレー的な生活態度をとがめていることになります。

しかし、一五五〇年になりますと、『躓《つまず》きを論ず』を出版したカルヴァンは、明らかに、ラブレーの名をあげて、「犬や豚に異ならぬ」異端外道《げどう》とののしることになりましたし、ラブレーの死（一五五三年）後にいたっても、カルヴァンは、ラブレーの告発をやめませんでした。

それもそのはずで、ジュネーヴに理想どおりの都市国家を建設し、しかも、内外の敵と戦わなければならなかった時期にさしかかっていたカルヴァンとしては、すこしでも、好ましくないものは、粛正、掃蕩《そうとう》しなければならないという切羽つまった立場にあったからなのでした。

そのなかでも、ラブレーが死んだと考えられる一五五三年から数年のあいだは、カルヴァンにとって、「もっとも暗い日々」が続いたのでしたし、つぎの章で述べるこの危機的な時期をかろうじて通過して、カルヴァンははじめて一安堵《あんど》できることになったのです。

ラブレーへの旧教会の目は依然白かった

ラブレーは、いくらカルヴァンの悪口をいってみても、旧教会側からは、つねに白い目で見られ通しでした。それは、『第三之書』『第四之書』のどちらも、表現形式こそは複雑になり、露骨ではなくなっていますが、終始一貫、ユマニストとしての態度を捨てていないことが、事ごとにうかがわれたからでしょう。

たとえば、『第四之書』の第四十八章から第五十四章にわたる数章は、「法王崇拝族《パピマーヌ》」の話ですが、その長い叙述は、ローマ法王（教皇）を批判したエラスムスも目を見張るほど激しい、そしてふざけきった法王批判になっているのです。そのせいか、『第三之書』も『第四之書』も、いずれも、検察当局から告発されてしまいましたし、ガブリエル＝ド＝ピュイ＝エルボーという旧教の神学者から、猛烈な罵倒を受けたことも有名です。

先に、カルヴァンを、「ジュネーヴのぺてん師・悪魔つきのカルヴァン」という罵言をもってラブレーが書いたとき、このピュイ＝エルボーのラテン語の名も明記して、「狂犬のピュテルブ」（enragé Putherbe）と呼び、カルヴァンと並べて、「反自然」（Antiphysie）が産んだ怪物としているのです。

それぞれたどった別な道

こうして晩年のラブレーは、師にあたるエラスムスと同じように、新旧両教会の人々から、はさみ討ちになっていたと申してもよいのでした。ともかく、ラブレーのユマニスムは、終始一貫していたのです。目下のところ、道化すぎふざけすぎているかれの作品から、かれのユマニスムのあり方を示しうる例を若干選びだすだけに過ぎませんが、故意に博学をひけらかしたような、あの饒舌《じょうぜつ》のあわがあふれだしているような作品の外見は、ときおり、内に秘めた作者のユマニスムをおおいかくしてしまうおそれさえありました。

また、カルヴァンが、一五四〇年代に旧教会と絶縁し、けんめいになって新教会の建設と純化とに努力しながら、やむをえぬ事情があったとはいえ、他人から、「それはキリストとなんの関係があるのか。」と、問われるような行動に出ざるをえなかったことは、カルヴァンの悲劇である以上に人間の悲劇といってもよいでしょう。このことは、次章の問題になるのです。

しかも地下水は流れ続ける

ラブレーとカルヴァンとのふたりのばあい、ユマニスムは、前者では諷刺・批判という形でしか息づけなかったように見えますし、後者では、ゆがんだものに対する激しい憎しみとなって、果敢な改革運動に転化し、ユマニスムそれ自体は置き去りにされたようにも感じられます。別言すれば、ラブレーは、ユマニスムという生ぬるいものにすがって生き、カルヴァンは、そのような生ぬるいものを捨て切って、大きな渦巻《うずまき》を残したフランス宗教改革（カルヴィニスム）の始祖となったのでした。

現実の変革という見地からすれば、ラブレー流のユマニスムは挫折し、カルヴァンは、ユマニスムの挫折したところから出発して大業を成しとげたようにも見えます。しかし、ユマニスムとは、前にもしるしたとおり、創造的な思想体系ではないのです。ラブレーにも現われたユマニスムが、その後、どのような姿で生き、どのような働きをしたか、また、事ごとに挫折を繰り返しながらも、絶えることのない地下水のように、のちの時代に流れ続けていくかはあとの各章で述べるとおりです。

6——ユマニスムとカルヴィニスム

1　権力の座についた元ユマニスト

「もっとも暗い日々」の前後

カルヴァンの成長のためには、ユマニスムがなければなりませんでした。しかし、カルヴァンのひたむきな改革実践運動は、やむをえぬ事情があったとはいえ、「それはキリストとなんの関係があるのか。」と問いかけられるような事態をたくさん生んでいます。

カルヴァンの一生のうちで、「もっとも暗い日々」と、カルヴィニスム側のカルヴァン研究者に呼ばれている時期は、一五五三年ごろのことになるのですが、それに先だってすでに、カルヴァンは苦しい時代を迎えていました。

スイスを取りまくヨーロッパの旧教諸国からの政治的、軍事的圧力と、スイス国内、またジュネーヴ地区内のいわゆる反動分子や、カルヴァンの厳格な指導に対する不平分子の策動とから、自らの教会の理想を守る必要のため、かなり多くの人々を投獄・追放・死刑に処さざるを得なかったのです。そして、一五五五年には、粛正運動の続きとして、コンパレ兄弟を叛逆罪に問うて斬首にしたとき、死刑執行人の失態から、何度も惨憺たる斬首が繰り返され、死刑囚はなかなか絶命せず、言語に絶するほどに苦しんだことがありました。その時にカルヴァンは、盟友ギヨーム＝ファレルに、

「裁判官の判決はもちろんのこと、ふたりとも死刑執行人の手から長い責め苦を受けたことは、神の特別なお審《さば》きがなくてはありえぬことだと、わたしは確信しています。」

と書き送っています。恐ろしい自信が感ぜられます。

悲しい狂信者

自分の行為はいうまでもなく、それからひき起こされたいっさいの結果について、「神の意志」を援用できるほど、カルヴァンには絶大な自信があったといえますし、この心根は、かれの行なったいっさいのきびしい粛正を通じて、カルヴァンをささえ続けたものでした。ここに、人間的なむずかしい問題がひ

そんでいるように思えてなりません。

なぜならば、カルヴァンに宗教改革へ踏み切らせるほど、新教徒に無惨な圧迫を加えた旧教会側の人々も、「神の意志」に従ったと信じていたにちがいなかったからですし、その「神」とは、新旧両派ともキリスト教徒である以上、おそらく同一の神であったはずだからです。ここには、みじめで、いたらぬ人間の悲喜劇が見られる、といっては誇大な表現になるでしょうか。

後年、宗教戦争の大詰めの時期、一五七二年に、旧教徒側による新教徒大虐殺、史上いわゆる「聖バルテルミー（バルトロメオ）の大虐殺」が行なわれたおり、ときのローマ法王は、祝賀式を行なって、「神」に感謝したと伝えられますが、その「神」とはなんだったのでしょうか。こうした「神」の名の濫用は、それがいずれの側であろうとも、狂信と呼ばれてもよいと思いますし、「それはキリストとなんの関係があるのか。」と、問われるのがあたりまえだと考えられます。

火刑になった学者セルヴェ

一五五三年、フランソワ＝ラブレーが没したと推定される年、カルヴァンは、同教の学者ミシェル＝セルヴェ Michel Servet（一五一一〜五三）を逮捕・投獄し、苛酷な訊問のすえに火刑に処しています。カルヴァンの命令で断罪された人々がたくさんいるにもかかわらず、このセルヴェという人物の処刑が、文学史にも文化史にも特筆されますのは、この処刑に続いて起こった、見たところ小さな、しかし、実は意義深い事件のためでした。

ミシェル＝セルヴェは、本来イスパニア人で、イスパニア名では、ミグェル＝セルベトと申しました。一五二八年ごろから、苛酷な宗教裁判が猛威をふるっていた母国をのがれてフランスへ来ましたが、そのころから旧教会に疑問をもち、宗教改革思想の洗礼を受けていたようです。そして、フランス各地、ドイツ・イタリアを遍歴して学問を修め、神学はもちろんのこと、古典学・医学・地理学・天文学にも通じ、きわめて合理的、科学的な考えをもった果敢な新教徒として成長しました。

セルヴェは、よくいえば一本気、悪くいえば、いくらか売名的で軽率であったとも考えられますが、新旧両教会によって共通に信じられていたキリスト教の根本教義に批判を加えましたので、両教会から危険な異端者と見られることになりました。

批判するものは消さねばならない

しかし、セルヴェ自身は、真剣な求道者としての道を歩むつもりで、一五四六年までに、約三十通の書簡をジュネーヴのカルヴァンへ送り、カルヴァンを指導者・師とも考えて、さまざまな疑問を訴えたのでした。ところが、こうした手紙のなかで、セルヴェは、カルヴァンの『キリスト教綱要』（八〇ページ）に対しても遠慮のない批判をしていたのです。これがのちにセルヴェの身の上に重大な結果を招き寄せることになるのです。

セルヴェとしては、同志でもあり先輩でもある権力者カルヴァンに教えを請うつもりでもあったのでしょう。しかしカルヴァンから見れば、自分の堅い信仰に基づいて新しい教会の義務と責任とを説いたものが、『キリスト教綱要』

です。これに批判を下し、これに疑問をいだくことは、許せない行為であったにちがいありません。一にも粛正、二にも粛正、三にも粛正……という険しい道を歩みつつあったカルヴァンは、セルヴェのうちに新教会をむしばむ恐るべき癌《がん》細胞を発見していたのでした。

そして、これは、セルヴェがまったく知らないことでしたが、カルヴァンは、一五四六年二月づけの盟友ギヨーム＝ファレル（八九ページ）あての書簡に、こうしたためています。

「もしセルヴェがジュネーヴへ潜入するようなことがあったら、生きてはこの地を去らせますまい。」

そして、そのとおりに事は運ばれてしまうのです。

2　ユマニスト、カステリヨン

セルヴェの教理批判と投獄

一五五三年の初めに、セルヴェは、匿名《とくめい》で、自分の宗教理論をまとめた『キリスト教復元』を発表しました。これは、キリスト教教理に対するセルヴェ流の批判を主としたものでしたから、これに対する反応はただちに現われました。当時、セルヴェは、東南フランスのヴィエンヌという町に住んでいましたが、この地区の旧教会側の宗教裁判官から告発されて、逮捕されてしまいました。そして、この告発は、すでに右の著書の草稿を読んでいたカルヴァンから旧教会側への密告によるものという噂《うわさ》さえも伝えられています。

カルヴァンとしては、キリスト教全体から見れば、セルヴェは、まさに獅子身中の虫ということになりますから、抹殺すべきものと信じたのかもしれません。そして、まず、旧教会側に密告して、セルヴェを処分させようとしたのでしょうか。セルヴェの心情は別として、かれの著書の『キリスト教復元』Restitutio christianismi という題は、エラスムスがキリスト教を元の正しいものに復《かえ》そうと念願して、restitutio christianismi ということばをつねに用いたことに、通ずるものがあるようにも思います。

おそらくセルヴェは、その思い上がりや無思慮は別としても、当時のキリスト教全体の粛正を願い、さればこそ、新教徒にもなり、またカルヴァンを指導者と考えるにいたったものとも考えられます。

冷酷無惨なカルヴァンの処置

旧教会側の手によって、ヴィエンヌで投獄されたセルヴェは、判決の結果、火刑に処せられることになりましたが、同情者の援助によって脱獄に成功しました。そして、セルヴェの脱獄後、その似顔絵と著書とが、ヴィエンヌの町で焼かれてしまいました。それは形式的な処置であるのか、執拗な憎しみの表現なのかわかりません。

脱獄したセルヴェはイタリアへ亡命しようと思いました。そして、ジュネーヴを経て行く道を選びました。一五五三年の八月に、セルヴェは、ジュネーヴへたどり着きましたが、いとも簡単に、逮捕・投獄されてしまいました。そして、数十日の不衛生な牢獄生活と苛酷な訊問や論争ののち、十月二十七日に、カルヴァンの命により、「異端者」として火刑に処せられてしまったのでした。氷のように冷たくきびしく、端正すぎるカルヴァンの悲壮な姿が見えるようです。

二十世紀の初頭、カルヴァンの教会の人々は、セルヴェを火刑に処したカルヴァンの誤謬は、「時代の罪」だと断じて、贖罪碑を建立しました。カルヴィニスムの側の人々も、カルヴァンの行き過ぎを認めていることになります。

犠牲者カステリヨンの反撃

たび重なる粛正のあとで起こった、このミシェル＝セルヴェ事件によって、カルヴァンの陣営のなかからも、不平と非難との声が起こりました。

カルヴァンにとって命取りにもなりかねないような情勢が刻々と高まるのを見て、一五五四年二月、かれは、『真の信仰を維持するための宣言』を発表して、自己の行動を弁護し、人々の理解と反省とを求めました。

このとき、今までの粛正運動の犠牲となり、一五四四年に追放の刑に処せられてバーゼルへのがれていたセバスチャン＝カステリヨン Sébastien Castellion（一五一五〜六三）が、敢然としてカルヴァンを批判したのでした。

セバスチャン＝カステリヨンは、純粋なフランス人でした。リヨンで新しい時代の洗礼を受け、早くから新教徒になって、一五四〇年ごろからカルヴァンと行をともにし、一五四二年からは、ジュネーヴでの新教会の建設に尽くしました。ひじょうに誠実で献身的な人物らしく、カルヴァンの手足となって働いて、ジュネーヴの町の教育制度の確立という面では、実績を残したと伝えられています。

しかし、カステリヨンは、性格的にカルヴァンと合わないところがあったようです。

ふたりのあいだにはだんだんみぞができていきました。そして、新しい教会と新しい理想都市国家の確立のために、やむをえぬことだったとはいえ、たび重なる粛正行動に出たカルヴァンに対して、カステリヨンは、批判的となり、一五四四年二月には、それまで勤めていた学院長を一見円満に辞任しましたが、それからまもなく、カルヴァンの断によって追放されてしまいました。

その後カステリヨンは、前述のようにバーゼルへ移り住み、かつて旧教会側から「異端者」視されたカルヴァンが、自らの「理想」に合致しない人々を「異端者」として断罪するきびしい態度をとり続けたことに対して、また祖国フランスで、新旧両教会の人々が武力を用いて抗争し始め、しかも、それが同じ「神」、同じ「キリスト」の名においてなされていたことに対して、深い憂悶をいだいていたらしく思われます。

前記のように、一五五三年のセルヴェ事件後、カルヴァンが、『真の信仰を維持するための宣言』を発表して、カルヴァンの教会の人々の団結と恭順とを要求したとき、セバスチャン＝カステリヨンは、マルチヌス＝ベリウス（あるいはマルタン＝ベルリ）という匿名で、『異端者論・これを迫害断罪すべきか』という著書をラテン語版とフランス語版とで発表しました。

3　異端とはなにか

正統と異端

カステリヨンのこの『異端者論』以後、「異端の権利」という問題が提起されたといわれております。いったい、「異端」あるいは「異端者」とはなんでしょうか。

この世に、絶対に正しく完全な「正統」なものがあるならば、「異端」と呼ばれるものは発生する余地はないでしょう。そして、「異端」などというもののない世のなかこそ、願わしいものであるにちがいありません。しかし、およそこの世に、なに一つ絶対に正しく完全なものはないと思われますから、いわゆる「正統」なものにも欠陥が当然あるわけです。そこでその欠陥を批判し、これを是正することを要求する人々、つまり、「異端者」たちも出てくることになります。

そのさい、いわゆる「正統」なものが数の上でも多くの人々に許容され、かつ権力をにぎっているとき、これら「異端者」たちは悪人と呼ばれ、その「異端説」は「邪説」扱いにされます。わたしは、あらゆる「異端説」の擁護をしているのではありません。狂人のような人々の考え方も、「異端説」のうちに当然はいるわけですが、こういう「異端説」まで擁護しようとはもちろん思いません。

しかし、自らの欠点に眼をとざし、自らが動脈硬化ないし脳軟化症に陥ったことを指摘されても、これを省みようとしないような「正統」が世のなかをわがもの顔にするとき、この「正統」をして真の「正統」たらしめるべく批判し、助言を与える「異端」は、発生すべきであるし、その権利は認められてよいでしょう。

異端の先輩二十人の言説を収録

フランス語で「異端」のことをエレズィ hérésie と申しますが、その語原はギリシア語の「選択する」(haireomai) という意味だと聞いています。つまり、より正しいものを選びだすことになるわけでしょう。

旧教会側は、「蠟細工でもつくるようにして、異端者をつくりあげて」(ラブレーのことば) 火刑に処しました。マルチン＝ルターも、ジャン＝カルヴァンも、異端者視されましたし、エラスムスさえそうでした。

そして、今、このカルヴァンは、ミシェル＝セルヴェを「異端者」として火刑に処したのです。人間世界のこうした悲しい矛盾に対して、不審をいだく人々が出てこないはずはありません。おそらく、セバスチャン＝カステリヨンは、そうした人々のひとりであり、そうした人々の心根を代表して発言したといってもよいでしょう。

カステリヨンの『異端者論』の本文は、主として旧教会の教理や制度に対して批判をし、「異端」の権利を主張した約二十人の先輩たちの説を収録したものでした。そして、この二十人のなかには、ルターやエラスムスの名とともに、カルヴァンの名も含まれており、カルヴァンが「異端者」扱いにされていたところに述べたことばも採録されていることは注目されてよいでしょう。この本文の部分は、神学的な議論が多く、ここではとくに触れる要も暇《いとま》もありませんが、この『異端者論』にカステリヨン自身が添えた二つの序文（ラテン語版とフランス語版）には、当時のカステリヨンの気持ちや考え方がよく現われていると思いますから、それだけを紹介することにいたします。

人をおとしいれる唾棄《だき》すべきことば

「つぎのようなことがしばしば起こる。すなわち、貧しくて悩んでいる時期には、福音をたいせつにし、宗教のことがらをひじょうによく理解し、判断もまちがえなかった人々が、その後財産をたくわえ、権利をにぎるようになると、堕落して、あらぬことを考えるようになり、その結果、かつては、主キリストと真理とを擁護していたのに、今度は殺人を擁護し、これを是認し、権力と暴力とのなかへ真の信仰を引きずりおろすというようなこともしでかすのである。」

カルヴァンの名は、どこにも見あたりませんが、カステリヨンの右のことばは、どう考えてみても、カルヴァンの態度・行動と無関係とは思われません。またカステリヨンは、「異端者」というものについて、つぎのように述べています。

「異端者という呼び名は、今日、きわめて不面目な、きわめて唾棄すべく、また恐ろしいものになっているため、もしだれかが、自分の敵を倒そうと思ったら、相手を異端者として告発するのがなによりも便利な方法となっているほどである。」

二十世紀後半にも生きるそのユマニスム

このカステリヨンのことばは、先にわたしが述べたように、異端ということばが、当時どのような用いられ方をしたかを物語っています。さらに、カステリヨンは、

「異端者というものは、われわれの意見と一致しない人々にすぎない。さまざまな党派や宗門があれば、異端者もたくさんいるわけであるけれども、いちばんだいじなことは、根本精神（今のばあいは、キリスト教の根本精神）をもっていればよいのであって、異端者呼ばわりごっこは愚劣である。」

と説きました。この考え方は、最近のローマ＝カトリック教の首長である教皇の行動にも見られているはずです。十六世紀中葉の新教徒カステリヨンの考え方が、二十世紀の旧教の本山のものになったことは、弱いように見えるユマニスムが、人間の名に値する人間がいるかぎり、あらゆる時代、あらゆる場所に、静かに生き続けていることを物語るようにも思われます。

「貨幣が黄金でなければ、ここで通用しても、他のところでは通用しないであ

ろう。しかし、真の黄金の貨幣ならば、それにどんな刻印が打たれていようとも、あらゆるところで通用するであろう。」

このカステリヨンの比喩については、なんの説明も加える必要はありますまい。

しかもかれは「象に立ち向かう虻《あぶ》」

カステリヨンは、異端者に対する理解と寛容とを説きつつ、かりに、自ら「正統」であるという自信のある人々がいて、異端者を罰しなければならないことになっても、宗教的な意味の戒告・破門にかぎるべきであって、現世の司直が下すような刑罰、追放や死刑をもってすべきではないと力説しました。これらは、カルヴァンに対する根本的な非難になるのも当然のことでした。

以上は、ラテン語版の『異端者論』の序文からの引用ですが、同じ趣旨のフランス語版の序文のなかには、つぎのような文章が見いだされます。

「異端の嫌疑をかけて、ひとりの立派な人間を殺すよりも、百人、いや、千人の異端者を生かしておいたほうがよい。……信仰も宗教も、儀典や本質的でないその他の事柄のなかにあるわけではけっしてないし、曖昧で疑義の多い教理のなかにあるのでもけっしてない。迫害者は、迫害される者と同じく、誤りを犯すことがあるものであるから。」

こうした主張は、カルヴァンの新しい憎悪と憤怒との的にならぬわけはなく、その後、手を変え品を変えて圧迫した結果、カステリヨンは、「象に立ち向かう虻《あぶ》」である自分を省み、黙殺されるがままになってしまうのでした。

4　荒廃したフランスへの遺書

血みどろの抗争をする新旧両派へ

カステリヨンは、一五六三年に他界していますが、そのころには、かれの祖国フランスでは、新旧両派の人々が、血みどろな戦乱の幕を切って落としていました。カステリヨンは、一五六二年に『荒廃したフランスに勧める』を発表しましたが、それは、異郷で二重の意味での亡命生活を送っているかれが、祖国へささげる遺言とも申せるものでした。

カステリヨンは、この著書のなかで、まず、強制による信仰は成立しないことを強く主張し、かつて、ルターを迫害した旧教徒に向かっては、

「あなたがたが、ひとりのルター派を焼き殺したために、かえって百人のルター派が生まれ出ることとなり、昔数十人に過ぎなかったのが、今では幾千の数となり、目下見られるような戦乱になってしまった。」

と説いています。つぎに、宗教改革を主唱する同志の人々（ルター派・カルヴァン派）に対しては、

「キリストの教えという精神的な武器を用いているかぎりは、神からも祝福されるかもしれないが、現世の武器をもてあそぶようになれば、神から見離されるであろう。」

と呼びかけています。そして、つぎのようにもいっています。

「現在われわれは、われわれの祖先たちの手にかかって命を落とした殉教者の信じてくれる人がただひとりでも

幕に石を敷き、これを飾り立ててはいるが、われわれ自身が、祖先と同じことをし、将来、われわれの子孫たちによってあがめられるようになる殉教者をつくっていないかどうか、はなはだ心配である。なぜならば、真実は、公に認められるよりも、もっともしばしば見すごされやすいからである。」

こうしたことばは、その当時のいわゆる現実主義者にとっては、なんの意味ももたなかったともいえますが、現代のわれわれには、よくわかるはずです。いや、よくわからねばなりますまい。

カステリヨンは、すこし早く生まれ過ぎたのかもしれません。しかし、それだからといって、かれの考えは、非現実であるとして無視すべきものでしょうか。カステリヨンは、最後に、こうしるしています。

「希《ねが》わくば神よ、恩寵によって一刻も早く我々全部が、正しい考え方に戻れるようになさせ給え。もしそうして下されば、神を讃え奉るであろうが、もしそうして賜わらなくとも、私は義務を果たそうとし、何処《どこ》の誰方《どなた》かが、これから何かを学び取り、私が真実を述べたということを認めてくれることを念願する。そうなった場合、その人が、たとえひとりきりであろうとも、私は無駄骨を折らなかったということになろう。」

わからなければならない意味深いことば

この最後のことばは、早く生まれすぎたカステリヨンの哀切な心根を表白するものであるとしても、いや、そうであればこそ、少なくとも現代のわたしたちには、わからなければならないものを含んでいると思います。そして、こうしたひとりごとのようなことばのなかに、カステリヨンに宿ったユマニスムの姿がうかがえるようにも感じます。

『荒廃したフランスに勧める』に先だって一五六〇年に、カステリヨンは、『何を疑い何を信ずべきか……』という小著を出し、かれの方法論とでもいうべきものをまとめていますが、この本のなかには、つぎのような、短いけれども意味の深い文章が見いだされます。

「我々が光明を知ったのちに、このような暗闇にふたたび陥らねばならなくなったことを、後世の人々は理解できないだろう。」

ルネサンス時代の宗教改革は、たしかに、旧教会の欠陥を突き、生き生きした光明をあびせかけた面もありましたから、新教徒たるカステリヨンが、「光明を知った。」と述べるのは当然です。そのうえ、カステリヨンは、新しい教会の首長として、カルヴァンを見いだしもしたのですから。しかし、このカルヴァンが権力の座についてからのち強行したいくつかの粛正事件や、カルヴァンに後援された新教徒たちの暴力と、これに報いる旧教徒たちの暴力との激化は、カステリヨンをして、「暗闇にふたたび陥った。」と嘆かしめることになったのです。

身をもって示したかんじんなことば

このカステリヨンのことばに対して、現代のわたしたちは、

「そのとおり。聡明になったわれわれには、全然わからない。」

と答えて当然なのですが、残念なことに、

「いや、われわれにもわかる。われわれも大同小異なことをし続けているのだから。」

と、答えなければならないかもしれません。

セバスチャン＝カステリヨンへの批判は、カルヴァン側からきびしくなされましたし、後世、カルヴィニスムを階級闘争という面で評価する人々が、カステリヨンを、「反動」視したこともありました。資本主義制度を批判すれば、「赤」と呼ばれ、共産主義制度を批判すれば、「反動」とみなされるのと同じく、簡単すぎる論理がそこに見られるだけです。

かんじんなことは、カステリヨンが新教徒（カルヴァン派）として終始したことと、カルヴァンに向かってすら、「それはキリストとなんの関係があるのか。」と問いただしたことなのです。

7――宗教戦争とモンテーニュ

1　聖バルテルミーの大虐殺

金力・権力がからむ流血

ルネサンス期において、新旧両教会をおのおの軸とした二つの陣営が、軍を擁して争い合ったことは、ヨーロッパ各地に見られましたが、そのうち、ドイツとフランスとのばあいが、もっとも典型的なものでしょう。この争いは、単に宗教の対立という純粋神学的な世界のうちだけの抗争にとどまらず、現世的な金力・権力の争奪とか、階級闘争とかいう、まったく宗教の教理とは無縁なものにも結びついているのです。

人間は、「神の子」であるとともに、「貴族」（あるいは「町人」）であり、権力を誇る「大貴族」（あるいは不平満々たる「大貴族」）であり、「金持ち」（あるいは「貧乏人」）であります。したがって、宗教的な見解の相違も、現世的な利害に容易に結びつき、その結果、同じ「神」の名、同じ「キリスト」の名によって、現世の利益・権力の争奪戦という愚劣な行為に出ることは、きわめて容易なことになります。

おそらく、こうした愚劣な行為が、人間世界には「聖戦」という名すら与えられて、しばしば見られるのであります。先に典型的と申しましたのは、ドイツとフランスとでの宗教戦争は、こうした事情をきわめて明らかに示してくれるからです。

フランスの宗教戦争は、マルチン＝ルター出現後のドイツの新教諸侯の動揺よりも、時期的にはおくれ、十六世紀後半に、パリその他の都市で大量の新教徒が謀殺される、あの「聖バルテルミーの大虐殺」という酸鼻な流血の世界を現出することになります。

事態は重大化の一途

カルヴァンが改宗してジュネーヴへのがれていった時代、おおまかにいいまして、十六世紀の前半期には、フランス国内では、旧教会側のきびしい異端弾圧が続けられ、新教会側では、若干の狂信的な人間が、たとえば聖像に対して不敬を働くというような行為に出て腹いせをする程度だったと申してもよいでしょう。そして、旧教会側が異端者を処刑すれば、それはただちに、新教会側の殉教者になるというような事態が連続していたわけです。

その結果、敵に殉教者意識をいだかせることが、どれほど敵を強くするかという人間的公理が、いずれ証明されることにもなるのです。異端者視されて殉教させられた新教徒たちは結束を固め、これに現世の権力争奪を企てる人々（町人や貴族）の援助が加わり、さらにまた、ジュネーヴで徐々に地歩を固めていったカルヴァン一派から陰に陽に支持が与えられるようになったとき、事態は深刻になっていかざるをえませんでした。

つまり、殉教者が、もはや新教徒だけに生まれるという一方的なことではすまなくなっていくのです。

「教皇派野郎」と「同盟野郎」

一方では、すでに述べましたように、ジュネーヴで、粛正に粛正を重ねていたカルヴァンは、かれから見ての何人もの異端者を処刑して、新教会内で自らの手で殉教者をつくるという事態も起こっていたわけです。

この時代の人々の用いたことばに、「パピスト」(papiste 新教徒が旧教徒を愚弄するための呼称。教皇派)とか、「ユーグノー」(huguenot 旧教徒が新教徒に与えた賤称)というような呼び名があります。

そして、これらには、「異端者」(hérétique)「ルター派」(luthérien) などと同じく、現在のわたしたちには、もはや捕捉できないような憎しみと怒りと侮蔑との感情がこめられていたらしいことは、数々の文献に見られるとおりです。

「パピスト」とは、「パープ」(Pape ローマ教皇) からつくられた語であり、「教皇派」と訳すよりも、「教皇派野郎」としたほうが感じが出るかもしれません。また、「ユーグノー」という語は、ドイツ語の「アイドゲノッセン」(Eidgenossen 連盟・同盟した人)がなまって、「アイグノー」(eignot)となり、さらに「ユーグノー」(huguenot)となったもので、主として、カルヴァン派の人々を賤称するための呼び名でした。したがって、「同盟野郎」とでもしたら感じが出るかもしれません。

口火「アンボワーズ事件」

殉教者をたくさん出した新教徒たちの側から組織的な反抗運動が生まれたのは、一五六〇年のことでした。そのときには、カルヴァンは、セルヴェ事件後、カステリヨンの反抗をねじ伏せて、いわゆる「もっとも暗い日々」からかろうじてのがれ出始めていましたし、フランス王国は、国内整備、すなわち異端弾圧の路線をたどり始めていました。

一五六〇年に起こった事件は、史上アンボワーズ事件と呼ばれ、宗教戦争の口火を切ったものとして重視されてもいるようです。コンデ公という由緒ある貴族が政権奪取のために新教徒の頭領となり、武力に訴えて抗争し始めるようになっていました。が、このコンデ公が中心となり、カルヴァンからの有力な支持も受け、当時アンボワーズ城にいたフランソワ二世をはじめとする王家の人々を捕えて新教徒側に引き入れ、名目の上では、新教徒側にとって有利な事態にしよう、すなわち、新教徒軍を官軍にしようとする陰謀事件が、この「アンボワーズ事件」なのです。

この陰謀は、未然にして防がれ、多くの新教徒が虐殺されてしまいましたが、この時期から、新旧両教徒の反目は、きわめて政治的、経済的な色彩を帯び、したがって、悲惨な事態を数々生むことになるのです。

ついに酸鼻な大虐殺へ

この事件以後、新教徒軍の勢力も増大し、数限りない闘争が繰り返され、ついに、一五七二年の「聖バルテルミー（バルトロメオ）の大虐殺」という酸鼻な事件が起こってしまいます。そして、一五八九年に、フランス王アンリ三世が歿し、王位継承権が、新教徒軍の総帥アンリ＝ド＝ナヴァールににぎられました。アンリは、国内統一のため、旧教に改宗して、フランス王アンリ四世となり（一五九四年）、次いで、一五九八年に、「ナントの勅令」を発布して、信教の自由を認めるようになってはじめて、血みどろな宗教戦争は、ともかくも、一段落に到達することになるのです。

ともかくもと申しましたのは、新旧両教徒の対立は根強く、アンリ四世は、一六一〇年に、旧教会側の狂信徒のために暗殺されますし、「ナントの勅令」

は、一六八五年にルゥイ十四世によって破棄されてしまうような時代が、その後も続いていたからです。しかし、十六世紀の後半期に見られたような、同じ「神」、同じ「キリスト」の名で殺し合うというような事態は、減少していたことは忘れてはなりますまい。

ルゥイ十四世の時代

これは、ルゥイ十四世という絶対君主の国家統一の成果ともいえるでしょうが、たとえば、カステリヨンにも宿っていたユマニスムが、人々の常識となりかけていたためとも申せましょう。

ルゥイ十四世は、国内政策上、「ナントの勅令」を破棄し、新教徒を追放してしまいました。そうした不寛容な点はたしかにありましたが、純粋な政治的措置にとどまり、十六世紀のときのような異端者糺問による殉教者製造の愚は見られなかったとはいえるのです。もっとも、ルゥイ十四世を中心とするいわゆるルゥイ王朝時代は、他の面で、さらに新しい痴愚を数々冒していることは、歴史の示すとおりであります。そして、その総決算が十八世紀の啓蒙哲学運動や『百科全書』やフランス大革命によってなされたと見ることもできましょう。

つまり、各時代の痴愚に対して、かならず、「それはキリストとなんの関係があるのか。」「それは人間であることとなんの関係があるのか。」という問いが発せられ続けたことになるからだといえましょう。

なお、旧教会は、十六世紀から旧教会自身の自己粛正が行なわれ、そのあいだイスパニア出のイグナチウス＝デ＝ロヨラ（一四九一〜一五五六）と、かれが創設した「イエズス会」（一五三四年）との活躍は、カルヴァンの教会の向こうを張って、旧教会内の強力な粛正運動の中核となっていました。この「イエズス会」の功罪は、たいへん興味ある問題ですが、あまりわき道にそれ過ぎますから、これ以上触れるわけにはいきません。

2　宰相ミシェル＝ド＝ロピタル

新旧両派の寛容と和解を説得し続ける

フランスの十六世紀後半に行なわれた血みどろな宗教戦争の最中に、王家に請われて、大宰相となり、「聖バルテルミーの大虐殺」事件の直前に辞任させられ、この事件の直後他界しているミシェル＝ド＝ロピタル Michel de l'Hôpital（一五〇四？～七三）という人物は、直接フランス文学史に作品を残していませんから、かれのことを詳しく述べることはさし控えますが、宗教戦争時代のユマニスムの地味な姿を示すために、そのことばを若干紹介することにします。

ド＝ロピタルが請われて、フランス国大宰相になったのは、前にしるしました「アンボワーズ事件」直後のことでした。王家の人々は、国内の危機を乗り切るために、かれを登用したのです。そして、しばらくして王家の人々が、旧教派の党派的圧力に屈し、これにすがりつかなければならなくなったとき、ド＝ロピタルは、無用の存在として辞任せしめられたのでした。

ミシェル＝ド＝ロピタルは、その在任中、何度も会議を開いて新旧両派の和解と相互的寛容とを説き続けましたからこそ、無用視されたといってもよいのです。

カステリヨンとまったく同じ心根

「ルター派とかユーグノー派とか教皇派とかいう徒党分派を表わす呪わしいことばはやめにして、キリスト教徒という名称をそのまま用いたい。」（一五六〇年、オルレアンの三部会での演説中の一節）
「良心は、力をもって左右することのできぬ性質のものであり、むしろ教化されねばならず、けっしてこれを抑圧したり、犯したりしてはならぬ。したがって、もし信仰でも、それがしいられれば、もはや信仰ではない。」（一五六一年、ポワシーの会談での演説中の一節）
ミシェル＝ド＝ロピタルのこれらの発言が、一五六〇年代のフランスでなされたことと、前章で述べたカステリヨンのことばとを合わせて考えると、当時、フランスでどんなことが起こっていたかをわかっていただけるかもしれません。そして、カステリヨンというカルヴァン派の人間の心根と、ミシェル＝

ド＝ロピタルというフランス国大宰相の心根とには、まったく同一のものがあったらしいことも感じ取っていただけるかとも思います。

なんの実成果も得られなかった

ミシェル＝ド＝ロピタルはこうもいっています。

「いずれの宗派の人でありましょうとも、加辱されたら、わたしに救いを求めれば、わたしはお救いいたします。そして、これに対して不平をいう人がいたら、そういっていただきたい。わたしは戦争を望んでいる人々から悪く見られていました。……教会の多くの人々は、平和を求めることは、ユーグノーたちに恩恵を与えることになると考えておりました。」（『シャルル九世王にささぐ』の一節）

こうした考えの持ち主であるド＝ロピタルは、その善意にもかかわらず、「ユーグノー」の一味と気脈を通じている人間とすらのしられたばかりか、新旧両派の和解工作において、なんの実効ある成果も上げられませんでした。そして、王家の方針変更のために、無用な存在として捨て去られてしまうのです。それから、ほどなく、「聖バルテルミーの大虐殺」の悲報を聞く身となります。

ド＝ロピタルは、その方針として、政治と宗教との分離を実現しようとしたのでしたが、宗教的な意見の相違が政治・経済と結びついていた時代では、こうした主張は、まったく早すぎたのでした。非現実的だったわけです。別なことばでいえば、政教分離によって多くの悲惨が避けられることを、当時の人々は、まだ理解できなかったのでした。ですから、ド＝ロピタルの失敗も、当然だったのです。

ではすべて無用・無力であったか

それでは、かれの考えは、まったく無用・無力だったでしょうか。在職中、かれが何度となく試みた工作は、なんの種をもまかなかったと考えてよいでしょうか。当時の人たちは、あくまでも殺し合いをすることしか望まず、自分たちの行為になんの反省もしなかったのでしょうか。

ここで、ミシェル＝ド＝ロピタルの友人でもあり、この混乱の時期に生き抜いて、すさまじい人間の痴愚を数々ながめながら、人間の行くべき道を小声で語ってくれた人物について語らなければなりません。その人物の著書が、多くの読者をもっていたことは、無用・無力なものが、やはり多くの人々に求められ続けていた証拠にもなると思うのです。その人物とは、ミシェル＝ド＝モンテーニュ Michel de Montaigne（一五三三〜九二）ですし、その著書とは、フランス文学史上の金字塔の一つとして残っている『エセー』（一五八〇〜八八）なのです。なお、いましるした年代と、これまで何章かにしるしたいくつもの年代とを、巻末の年表で比較してみていただければありがたいと思います。

3　飽くことを知らぬ探求者

新教派ともつきあう旧教徒

モンテーニュとその著作とについて十分な説明は、この本では不可能ですから、わたしはただ、今まで述べてきたユマニスムについての私見に添って、モンテーニュの存在の一面をながめてみることだけにします。

モンテーニュは、当時のフランスのいなか貴族でした。そして、ボルドーの市長を勤めたこともあり、自らはそれまでの習慣上、フランスの国教である旧教を信奉することにしていましたが、なんの偏見もいだかずに、教新徒ともつきあっていました。こうした人ですから、先のミシェル＝ド＝ロピタルと親交があったことは当然としても、のちにアンリ四世になる新教徒軍の総帥アンリ＝ド＝ナヴァールとも深いつきあいをしていたということです。そして、モンテーニュのものの考え方が、ナヴァール公（アンリ四世）にも、なんらかの影響を与えていたのではないかといわれています。

獲得ではなく探求である

モンテーニュのものの考え方は、懐疑的とか懐疑主義とか評されています。フランス語では、sceptique, scepticisme と申しますが、この語のギリシア語原は、skeptomai であり、その本義は、「検討する、調査する、探求する」ということだそうです。したがって、懐疑主義は、「わからぬ、知らぬ。」とつぶやくことではなくて、眼前にあるものを十分に検討して、より正しいものを探求することを意味します。前に「異端」という語の本来の意味について略述いたしましたが（一三三ページ）、それをここでもう一度思い出していただきたいと思います。

　こういう意味での懐疑主義は、モンテーニュのつぎのことばにも、うかがうことができるでしょう。

「掻き立てたり、狩り立てたりするのが、正《まさ》しく我々の仕事である。その狩り立て方が下手で当を得ていなかったら、我々は言い訳ができないことになる。しかし、獲物を捕え損じても、それは別問題である。そもそも我々は、真理を探し求めるように生まれてはいるが、これを捕えることは、もっと偉大な力のなすことだ。」（『エセー』第三巻第八章）

　このことばは、煮え切らないようにも見えますが、ひじょうにたいせつな心がまえを示してはいないでしょうか。

自分の願望への警戒

わたしたちは真理を求めなければならないし、なんとしてでも正しい求め方をしなければならないのに、世の多くの人々は、正しい求め方もしなければ、求め続けることもせず、ごく簡単に真理をとらえたつもりになっていることが多いからです。そして、モンテーニュの時代に見られた新旧両教会の抗争や、異端者づくりごっこのことを考えてみれば、このことばは、ちょうど、ミシェル＝ド＝ロピタルが無用の存在であったと同じく、無用なものであったにちがいありません。

しかし、モンテーニュから見れば、カルヴァンを迫害した旧教会側の人々も、ミシェル＝セルヴェを焼き殺したカルヴァン自身も、真理を求める道に欠けるところがあったことになるわけでしょう。

モンテーニュは、こうしるしています。

「この国の擾乱裡《じょうらんり》に於いて、私は、自分の利益に目をくらまされて、敵方の讃うべき特質を見逃したり、私が従っている人々のなかの咎むべき特質を見落としたりすることはなかった。……人々は、自分らの確信や判断が真実の為に役立つのではなく、数々の願望の作るものに役だてばよいと望んでいる。私はむしろ、反対の極端のほうへ落ちかねないが、それほど、私は、自分の願望に引きまわされるのを恐れている。その上、私は、自分の願うことに対しては、少々敏感に警戒する。」(『エセー』第三巻第十章)

許せないまちがった論法

このような発言も、おそらく無用なつぶやきとして聞き流されるか、あるいは、日和見《ひよりみ》主義とか異端くさいとかとみなされていたにちがいないと思います。したがって、モンテーニュがつぎのような文章を書くにあたっては、かなりの勇気を必要としたかもしれないのです。

「わたしは、つぎのようなまちがった論法を、一方ならず咎める者である、即ち、『奴は同盟派《ラ＝リーグ》だ。なぜなら、奴は、ギュイーズ殿の風格を賞讃しているからだ。』『あの男はナヴァール公の活躍振りに感心している。だから、あの男は、ユーグノーだ。奴は、国王の御身持ちを、このように非難している。だから、奴は、心中に謀叛を抱いている。』というような論法である。そして、私は、法官に向かってさえ、彼がある書物を、その書物が当代の最も優れた詩人たちの間に、たったひとりの異端者を交えているからという理由で、禁断書にするのを、御尤もであると言って容認はできなかった。」（『エセー』第三巻第十章）

三人のアンリの戦い

　この文章中に出てくるギュイーズ殿は、アンリ＝ド＝ギュイーズ公（一五五〇～八八）のことであり、宗教戦争渦中にあって、旧教軍の総大将として活躍し、同時に、旧教派の結社「神聖同盟《ラ＝リーグ》」の中心人物でした。そのつぎの、ナヴァール公とは、のちにアンリ四世になるアンリ＝ド＝ナヴァールで、新教徒軍の総大将でしたし、国王とあるのは、私行上とかくの噂のあったアンリ三世のことです。

　宗教戦乱の末期においては、ギュイーズ公が王位をねらう気配があったため、アンリ三世は、このアンリ＝ド＝ギュイーズ公を暗殺し、アンリ＝ド＝ナヴァールにたよることになりました。しかし、アンリ三世も暗殺に会い、史上有名なこの「三人のアンリの戦い」Guerre de trois Henri は、生き残ったアンリ＝ド＝ナヴァールが王位に上ることによって終わりを告げた形になったのです。しかし、このアンリ四世も、前に述べたように、暗殺されることになり、けっきょくは、この「三人のアンリの戦い」は、血みどろな宗教戦争の大詰めの一場面になってしまいました。

カルヴァン派の論客をほめるとは

前記のモンテーニュの文章は、この三人のアンリが虚々実々のかけ引きをしていた時代に書かれたものですが、そこに主張されていることは当然至極であり、また同時に、いくら無用のことばに見えても、多くの人々の気にさわりもし、ごく少数の人々を考えさせもしたものをもっていたにちがいありません。しかし、よいものをよいということが通らぬ時代だったらしいのです。どんないものにも人間にも、よいところと悪いところがあるはずですのに……。なお、前記の文章中最後の個所については、つぎのような挿話があります。

『エセー』の第二巻第十七章で、モンテーニュは、カルヴァン直属の論客でもあり、すぐれた詩人でもあるテオドール＝ド＝ベーズ（一五一九〜一六〇五）の名を、数人の文学者とともに引用したのでしたが、それが、ローマ教皇庁の問題となり、詰問されたという事件があったのです。つまり、ローマ教皇側としては、憎んでも憎みたらぬカルヴァンの有力な部下として、旧教がたを手こずらせたテオドール＝ド＝ベーズの名を、モンテーニュがすぐれた作家としてあげていることをとがめたことになります。このさい、モンテーニュは、十分に陳弁して、筆禍をまぬかれているようです。

ここにもラブレー流の表現

先に、フランソワ＝ラブレーについて説明したさいに、かれが、「……であることを断言する、たとえ火刑にあってもとは申さぬが」という道化た表現に触れました（一〇七ページ）。ところが、モンテーニュも、こうしたいい方を、おそらくいくらかふざけながら用いているのです。

『エセー』第三巻第一章中に、

「わたしは、善い党派に従ってゆくであろうが、たとえ火刑に処せられてもとは申さぬし、それも私にできることであるならばの話。」

とあります。ラブレーのばあいと比べて、モンテーニュは、ふざけているとはいえ、はるかにまじめにはちがいありませんが、こうした表現が存在することは、ラブレーの時代からモンテーニュの時代にかけて、同じような不寛容で酷薄なもの、エラスムスに指摘されたような人間の痴愚が後を断っていないのを暗示することかもしれません。

モンテーニュが、真理を求め続けることと、真理を求める方法に欠けるところがあってはならぬことを、わたしたちに勧めてくれたことは先にしるしたとおりですが、一見無用のように感ぜられるこの勧告の下には、当時ごくわずかな人々しかもっていなかった広い見識があったと思われます。

8——新大陸発見とモンテーニュ

1　新発見の意味を知ることの困難

天動説が地動説となっても

どの時代にも、大発見・大発明が、人間生活ばかりでなく、人間の考え方までを変えるものであるにもかかわらず、これらの大発見・大発明による変化がただちに現われてこないばあいには、大部分の人に見すごされてしまいやすいものです。

ルネサンス期には、いろいろな発見・発明が行なわれましたが、そのなかでも、とくに地動説とアメリカ大陸の発見とは、後世にいろいろな深い影響を与えたものといえましょう。このうち地動説のほうは、ものの考え方、とくに宇宙について、神についての考え方に重大な変革を与えたものであったにもかかわらず、それが直接人間の生活に響いてくる性質のものでなかったために、当時の人々の生活や考え方に急激な変革を与えたとはいえません。

地動説は、十九世紀・二十世紀になって、宇宙科学が確立し、常識・学説として小学生にも知られるようになった点では、ルネサンス期よりも身近なものになったとはいえますが、地上の生活や考え方に、これはと思うような変化はないかも知れません。中世伝来の神学の地球中心説が破り去られ、それからさまざまな結果が出てきましたが、これらの結果も局部的であり、かつ抽象的であり、その現われ方も緩慢でした。

いずれいわゆる宇宙開発というような現実が完全に人類のものとなった時代に、地動説は、もっとわたしたちの生活や考え方に新たな深い影響を与えるにちがいありますまい。

朝日はやはり東から上る

現代のわたしたちは、地動説を知っており、また、ものを相対的に考えることを体得しています。しかし、それにもかかわらず、「朝日は東の空から上る。」という視覚的な感覚映像を捨て切れないでいます。したがって地動説は、ルネサンス時代にはとくに、神学による宇宙観（天動説）を根本からゆすぶったとしても、コペルニクスやガリレイのばあいのように、キリスト教会から異端説の極印を打たれた程度にとどまり、一般大衆にとってはもちろんのこと、すぐれた選良たちにとっても、あまり理論的過ぎたためか、看過されてしまったのは、やむを得ないと思います。

それに比べて、アメリカ大陸の発見は、地球上にヨーロッパ以外の大陸があり、そこにも人間が住んでおり、しかも、その土地には金銀などの資源が豊かであることを、ヨーロッパ人に知らせたものといえましょうし、それは、かなり多くの人々の関心と興味とをそそる性質をもっていたはずです。約一〇〇三年ごろからヨーロッパ人には、アメリカ大陸の存在が薄々ながら知られていたのですが、ヨーロッパ内部の整備の必要上、また航海術の未熟なために、どうすることもできなかったらしいということです。

大陸発見の意味のわかる人

しかし、コロンブスのアメリカ大陸発見（一四九二年）後、航海技術の発達と、それに伴っていよいよ旺盛になったヨーロッパ人の果敢な冒険心、あるいは山師的な野心（これは、ルネサンス時代に確立し始めた近代資本主義や、近代国家から当然生まれる植民政策とに結びつくのですが）のために、アメリカ大陸の「開発」が、ヨーロッパの各国の関心事となりました。

事実、アメリカ大陸で獲得した金銀は、ヨーロッパの近代資本主義の発達を大いに促進したと伝えられています。したがってヨーロッパ人は、「アメリカ大陸の発見」を「地動説」とは比べものにならない身近なものとして、迎えざるを得ませんでした。

しかしながら、アメリカ大陸の発見のもつ、もう一つの重要な意味は、――新旧両教会が反目し、同じ「神」、同じ「キリスト」の名によって殺し合っていたルネサンス期にあっては、――ごく少数の人々にしか捕捉できなかったのでした。そして、モンテーニュは、その少数の人間のひとりだったのです。

アメリカ土着民は人間であるか

ヨーロッパでは、その当時まで、地球が宇宙の中心であると思われていたように、ヨーロッパが地球の中心であり、ヨーロッパ人は、全人類の中核であり、ヨーロッパ人の精神的支柱であるキリスト教が、全人類の精神の支柱であるばかりか、善悪の規準であるとも考えられていたようです。

中世紀から、トルコ人やサラセン人をヨーロッパ人は知っていましたが、これらの人々を異教徒・邪教徒と思い、これらを改宗させようと考えたとしても、おそらく人間でないとは考えていなかったようです。

トルコ人やサラセン人がヨーロッパ人と接触しながらも、キリスト教を敵視したのに反して、アメリカ大陸に住んでいる土着民たちは、ヨーロッパ人も知らず、キリスト教そのものの存在をも知らずに、長いあいだアメリカ大陸で、平和な生活を送ってきたのでした。

キリスト教では、洗礼を受けて信者となり、原罪を清めることは、救われる第一歩と考えられているのですから、昔からキリスト教のことをも全然知らないアメリカ大陸の土着民たちのことを、どう考えてよいものか当然問題になりました。

教皇の布告「本当の人間と認める」

ある人々は、やつらはキリスト教を知らぬ以上人間以下の存在である、と考えたのでしょうし、別な人々は、ただ当惑するだけだったでしょう。それもそのはずでした。コロンブス以後、アメリカ大陸へ渡った各国のヨーロッパ人たちの報告によって、キリスト教徒であるヨーロッパ人よりも、アメリカ大陸の土着民のほうが、はるかに人間として温和であり、キリスト教徒以上にキリストの精神を体得しているらしいばあいがあるということが、しばしば伝えられるようになっていたからです。

一五三七年に、ローマ教皇パウルス三世が、インド人や黒人やアメリカ大陸の土着民たちを、「本当の人間」（Veros homines）と認めることにする、という旨を布告したと伝えられています。一四九二年、コロンブスがアメリカ大陸を発見したときから、ヨーロッパのキリスト教国では、キリスト教をも知らないでいたこれらの人々を、どう取り扱ってよいのか困惑し、けっきょく、「人間」として認めるよりほかにしかたがないことになったわけです。

こうして、ローマ教皇の右のような回勅は、ヨーロッパの人々が、長いあいだ、人間はヨーロッパのキリスト教徒だけという見解にとじこもっており、今までの自分たちのいっさいのものの考え方の根底に、こうした偏見がひそんでいたことを、改めて認めたことにもなります。

2　相対的思考の発生

それには長い年月が必要だった

ルネサンス期を通じて考えられる一つの特徴に、相対主義的思考の発生というものを上げられるかもしれません。これは、近代科学の揺籃期《ようらんき》であったルネサンス時代というものを考えてみれば、いちおうわかっていただけると思います。おそらく科学的な思考の一つの条件として、絶対主義への疑問と、相対主義的思考の発達ということがあるにちがいないからです。

ここで用いている相対主義的思考という語は、絶対と思われるものでも、条件が変わると絶対ではなくなるというぐらいの意味にとっていただきたいと思います。

相対的にものを考えるということは、もちろん、昔から存在したにちがいありません。しかし、こうした考え方が、人間社会に、なんらかの影響を与えるようになるためには、かなりの年月を要したはずでした。そして、ルネサンス期は、この影響を現実社会にそろそろ見せ始めるのに好つごうな時期だったとはいえると思います。古代の学芸が、それまでよりもはるかに多くの人々の知識となり、さまざまな方面で、「もっと人間らしい学芸」の樹立が求められたのも、その一つの徴候となるわけでしょう。

絶対主義をゆるがす時代の流れ

キリスト教会（旧教）の絶対権力の衰退も、封建社会から近代国家への推移も（近代国家は、その後もしばらくのあいだは、絶対王政制度を守り続けますが）、キリスト教会の分裂（とくに宗教改革）も、市民階級の勃興も、ルネサンス時代が内蔵した大きな変動の渦巻の存在を物語ることにもなるわけです。

そして、絶対視されていた天動説に対する地動説の存在、絶対視されていたヨーロッパ中心の世界に対するアメリカ大陸の出現……などは、この渦巻を起こさせる大きな潮流が世紀の海底に起こっていたことを示すものかもしれません。

そして、元《もと》になる大きな潮流であるだけに、その及ぼす深い影響がかならずあるにもかかわらず、なかなか世の多くの人々には気づかれないという事情もあったにちがいないと思います。先にも述べた地動説など、そのよい例でしょう。地球が太陽の周囲を回ることがわかったとしても、地球上の人間の生活そのものに、ただちに大変化が起こるはずはないからなのです。それに比べると、アメリカ大陸の発見は、これも前に述べたとおり、かなり多くの人々を、冒険や植民地開発のためにかりたてるという点では、比較的早く、現実的な影響を人間社会に与えたものともいえます。

人間のあり方を考え直す強い精神

しかし、これまた前に触れたようなパウルス三世教皇の回勅が発布されなければならなくなったような、精神的・倫理的な方面での影響を敏感に認め得た人々は、かならずしも多くはなかったのです。大部分の人間は、アメリカという大陸には、金銀が豊富にあるということや、このような土地（そのなかには日本もはいっていましたが）がほかにもあるにちがいないし、それをわがものにしたら大金持ちになれるというようなことを考えたにしても、精神的、倫理的な方面で人間のあり方を考え直すことまでできた人々の数は、けっして多くはなかったにちがいありません。

この少数の人々のなかのひとりである、ミシェル＝ド＝モンテーニュの、

「真理を探し求め続けること、その方法に誤りがあってはいけないが、真理をとらえることは別問題だ。」

という意味のことばを先に引用し（一六一ページ）、そして、そのことばは、生ぬるいとか、無力であるとかいうふうに見られるかもしれぬともいいました。しかし、そのために、モンテーニュのいわゆる懐疑精神（一六〇〜一六一ページ）のたくましく強い面を見のがしていてはなりません。そうした面があればこそ、かれは、アメリカ大陸の発見につながるさまざまな変革的な見方を、す

ぐれた少数の人々とともに、もつことができたのでした。

キリスト教絶対への疑惑

ここにユマニスムの地味な、しかも強靱な生命がひそんでいるといったらいいすぎになるでしょうか。ゆがんでいるものや本末を転倒しているものに対して、「それはメルクゥリウス（キリスト）となんの関係があるのか。」と問いかけることは、ゆがんだものや本末を転倒したものが、時代とともに、新しい扮装をして人間世界に現われ続ける以上（またそれが人間世界の必然である以上）、中止されてはなりますまいし、人間の名に値する人間がいるかぎり、中止されるはずもないのです。

そして、こうした人々がいるかぎり、人間は、かろうじて、エラスムスのいわゆる「痴愚神」（五三ページ）の完全な支配を受けないですむかもしれないと思います。

モンテーニュは、アメリカ大陸へ、あるいは東洋に探検旅行に行った人々の報告をいろいろと読んでいたようです。そして、モンテーニュが感じたことは、キリスト教徒であるヨーロッパ人のほうが、アメリカ大陸の土着民たちに比べて、かならずしもキリスト教徒的ではないということでした。こうした考察は、キリスト教国民の絶対性というものに疑問をいだかせることとなりますし、ひいては、キリスト教そのものの絶対性について、人々が疑惑をもつようになる機縁となるものといってもよいでしょう。

しかしその価値は変わらない

キリスト教を知らず、その洗礼を受けないで平気で生きてきた、人間によく似た生物が、キリスト教徒よりも温和で誠実で、正義感をもっているという点では、キリスト教徒以上であるというようなことを、当時の多くの人々は、夢にも考えたことがなかったにちがいありません。

しかし、こうした新事態や、宗教改革のようなキリスト教会内部の変動は、それらはキリスト教そのものの価値をけっして否定するものではありません。むしろ、キリスト教という人類にとって有意義な貢献をしたものが、ルネサンス期において、いずれおちつくところへりっぱに身をおくにいたるまでの試練を受け、みがきあげられたというふうにわたしは考えたいのです。

さて、ミシェル＝ド＝モンテーニュが、その『エセー』のなかで、アメリカ大陸の土着民について触れている個所は、かなりたくさんあります。つぎにそのなかから、現在のわたしたちがいろいろな考察を引きだせるような内容をもったものをすこし紹介しましょう。

3　人食い人について

かれらのどこが野蛮なのか

『エセー』第一巻第三十一章は、『人食い人について』というおもしろい文章ですが、モンテーニュは、アメリカ大陸の発見について、まずつぎのような感想を漏らしています。

「将来、果して何か別な発見がなされないと断言できるものかどうか判らない。今度の場合（＝アメリカ大陸の発見）にも、あんなに多くの我々よりもえらい方々が、見当ちがいをなさったのだから。」

このことばには、真実をつかむための落ちついた態度が見えるはずです。また、モンテーニュは、当時のヨーロッパ人たちが、たとえばアメリカ大陸の土着民たちを、簡単に野蛮人と呼んで卑しみ、自分らだけが文明人だと思っていることに対して、

「私が聞いたところによると、その民族（＝アメリカ大陸の土着民たち）には、少しも野蛮なところや野卑なところがなく、我々は、銘々が自分の習慣にないことを野蛮と呼ぶだけのことだと思う。」

といって、さらにつぎのように述べています。

人間的でないものこそ野蛮

「全くのところ、我々は、自らの住んでいる国の考え方や習慣の実例と観念以外に、真理と道理との基準を持っていないようである。あの土地（＝アメリカ大陸）にも、常に完全な宗教、完全な政治があるし、あらゆるものが完全に十分に用いられている。彼らは、野生（sauvage）ではあるが、それは、丁度、

我々が、自然が独力で、恒常な進行によって、産み出した果実を野生と呼ぶのと同じ意味である。だが、この場合、ほんとうは、我々が人為的なもので変質させ、一般の秩序から逸脱せしめたものをこそ、むしろ、野蛮と呼ぶべきであろう。」（第一巻第三十一章）

以上のことばのなかに、「人為的なもの」というのは、「キリストとなんの関係もないもの」や「人間らしくない学芸」をさすことは申すまでもありますまい。また、これらのことばのなかには、先にしるした相対主義的な考え方が、よく現われているといってもよいでしょう。モンテーニュは、いわゆる文明人の思い上がりと、偏見とを明らかについているように考えられます。

ヨーロッパ人が残虐を教えている

モンテーニュは、ヨーロッパ人、とくにその当時海外植民地の開拓で先鞭をつけていたポルトガル人やスペイン人たちが、アメリカの土着民たちを残虐に取り扱い、そして、これら土着民たちのなかには人食い人種もいたために、これらの土着民たちを獣同然のものとみなしていたことを、きわめて婉曲に非難しています。

モンテーニュによれば、アメリカ大陸の人食い人は、敵方の捕虜を手あつくもてなし、一気にこれを殺し、その死体を焼いて食べるのですが、それは復讐の最高表現にほかならなかったというのです。ところが、かれら土着民は、ポルトガル人たちが、土着民の捕虜を実に残忍な殺し方をするのを知り、このような殺し方のほうが、復讐するのには、いっそう有効であるにちがいないと悟り、ポルトガル人たちのやり方を採用して、今までのように、ひと思いに殺すという方法を廃止してしまったとも、モンテーニュはしるしているのです。

そして、さらにつぎのようにつけ加えています。

われわれは生身の隣人を火あぶりに

「死んだ人間を食うよりも、生きた人間を食うほうが、はるかに野蛮だと思うし、拷問責苦によって、まだ十分に感覚のある肉体を引き裂いたり、これをとろ火で炙ったり、これを犬や豚に嚙み破らせたりするほうが、(これは、我々がただ読んだだけではなく、つい近頃、この眼で見たことであり、しかも、それが、昔からの仇敵の間ではなく、隣人同胞の間において、なお困ったことには、信仰とか宗教とかいう口実の下でなされたことであるが）既に死んだ人体を焼いて食うよりも、はるかに野蛮だと思う。」（第一巻第三十一章）

『エセー』の第一巻が出版されたのは、一五八〇年ですが、この一五八〇年までのあいだに、フランス国内で、いかなることが起こっていたかは、今までの何章かの説明を思い出してくだされば、おおよそわかっていただけるかと存じます。

6章で略述したセバスチャン゠カステリヨンは、その『異端者論』の序文中で、

「現在のように、ヨーロッパのキリスト教徒が殺し合いをしていたら、異教の人々は、これをながめて、キリスト教徒にはなりたくないと思うであろう。」

という意味のことを述べていましたが、この心根は、モンテーニュにも、ちゃんと受け継がれていたといってもよいかと思います。カステリヨンとモンテーニュとは、宗教的な立場も思想的な立場もちがっていたにもかかわらず、まったく同じ心根をもっていたといえましょう。

4 モンテーニュの力強さ

イスパニア人の無体な通告

モンテーニュの『エセー』の第三巻（一五八八年）の第六章には、『駅馬車について』というなんでもないような題がついています。しかし、モンテーニュの『エセー』の各章のほとんど全部がそうであるように、その内容には、題とはかならずしも関係のないことが述べてあるのです。

この『駅馬車について』という文章もそうで、前半には、アンリ三世治下のフランス王廷の風儀その他が紊乱《びんらん》していることに対する諷刺が述べられ、後半には、アメリカ新大陸へ押し渡ったヨーロッパ人（とくにイスパニア人）たちが、無体を働いたことに対する非難がしるされています。そのなかに、つぎのような挿話があります。

イスパニア人の一隊が、とある風光もすぐれた肥沃《ひよく》な土地へ上陸しました。

そして、いきなり、まったく一方的な通告を、土着民たちにしたのでした。

「おまえたちの全支配権をもってきた」

「自分たちは、人間の住む世界を通じてもっとも偉大な君主であるカスチリヤ王（＝イスパニア王）の御命令を受けて、遠い旅路をはるばるやってきた平和の民であるが、我々の王には、地上に神を代表して居られるローマ教皇（法王）が、全インドの支配権を与えられている。もし、お前たちが、この王に臣下の誓いをするならば、極めて懇ろに遇せられるであろう。」

当時、イスパニア王国は、ヨーロッパ列強中でも屈指の大国でしたし、ローマ教皇からもきわめて重く見られていましたから、イスパニア人たちは、自分たちの国は世界一の強国だし、ローマ教皇という神の代表者から特別な権利を与えられている以上、当然おまえたちは、こっちのいうことを聞くべきだというようなことを、土着民たちに言い渡しても、すこしも変でないと思ったのかもしれません。

しかし、相手のアメリカ大陸の土着民たちは、イスパニア王国も知らず、ローマの教皇のことも、キリスト教も知らずに、長いあいだ平和に暮らしてきたのですから、いきなり上陸してきたイスパニア人たちに、こんなことをいわれても、なんのことかわかろうはずはありません。ずいぶんかってな注文をつけられたものだと思ったにちがいありません。

重大な精神的積極性

ヨーロッパ人が、ヨーロッパとキリスト教徒だけの世界が全部であり絶対だ、と考えていたところから、こうした食いちがいが生まれてきたわけでしょう。

ヨーロッパ人がアメリカ大陸の土着民たちよりも、世界の人類の文化に貢献できたのは、冒険心にかられて、アメリカ大陸まで渡ってくるだけの積極性があったためばかりではありません。一方に、今しるしたような食いちがいに気づき、自分たちのものの考え方を訂正していくだけの精神的な面での積極性があったためでしょう。そして、この後者の積極性のほうが、根本的なものであり、たいせつなものだと、わたしは考えざるを得ません。

もちろん、今の話に出てきたイスパニア人たちをはじめとして、多くのヨーロッパ人たちは、冒険心という積極性のほうはもっていても、後者の精神的な積極性は、あまりもっておらず、これをもっていたのは、モンテーニュのようなごくかぎられた数の人々だけだったのでした。しかし、ヨーロッパ人のなかに、モンテーニュのような人が、少数でもいたということが重大なのであり、それがヨーロッパ人のほうが、けっきょくアメリカ大陸の土着民たちよりも、あらゆる面での「開発」に従事できることになる原動力になったともいえるかもしれません。

一方的通告への土着民の答え

モンテーニュは、先のイスパニア人たちの一方的な通告に対して、「かれらの返事はこうだった。」と、土着民たちの答えとしてつぎのように記録しています。

「平和の民ということだが、たとえそうだとしても、それらしい顔付きをしていない。その王様（＝イスパニア王）とやらのことだが、そのような要求（＝

土着民たちの土地を占領すること）をするからには、お金に困り手許不如意だからに相違ない。そして、その王様に、ここの土地を頒《わか》ち与えた人物（＝ローマ教皇）ということになると、自分のものでもないものを第三者に頒《わ》けてやろうとするのであるから、さぞかし喧嘩好きなお仁《ひと》で、その王様とやらと、昔からの所有者とを争わせようとするつもりなのであろう。」

せまい土地にとじこもったまま、地球上の他の地域のことは知らず、また知る術《すべ》もなかったこれら土着民たちの返事は、モンテーニュによって、「幼い人々の片言」とも表現されているほど、素朴すぎるとはいえましょう。

その「幼い人々の片言」の正しさ

しかし、この「片言」には、イスパニア人たちの通告が、いかに身がってなものであるかを指摘できるだけの原理的な正しさがあることを、モンテーニュは考えていたにちがいないのであり、モンテーニュは、こうした「片言」に託して、同胞のものの考え方のせまさをついていることにもなります。

「アメリカ大陸の発見が、ヨーロッパ人たちの精神的地平線を拡大した。」といわれますが、この拡大された地平線をながめ得た人々は、けっして多くはなかったのでした。

モンテーニュがアメリカ大陸発見から、どういうものをくみ取っていたかを、以上に略述いたしました。しかしこれは、フランス国内での宗教戦争に対して、「それはキリストとなんの関係があるのか。」と問いかけた心根が、アメリカ大陸でのキリスト教国の人々の無惨な行動に対しても、またこうした行動の背後にあるヨーロッパ絶対主義・キリスト教絶対主義とでも呼ぶべきものに対しても、同じ問いをしかけていることをしるしたに過ぎません。そして、ユマニスムの発現のしかたは、このようにもなるということを、考えていただきたいと思ったのでした。

非力・無用に見えるものの静かな力

アメリカ大陸の土着民たちを虫けらのように取り扱ったキリスト教徒のヨーロッパ人たちのものの考え方に対して、モンテーニュは、「それは人間であることとなんの関係があるのか。」と問い尋ねていたともいえましょう。

キリストの教えた人間愛という点だけを取り上げてみても、ヨーロッパ人たちは、非キリスト的な行為をしているのですから、「それはキリストと……?」と問いかけられなければならないのですが、自分のせまい人間観や世界観をすこしも反省せずに、自分の行動をあくまでも正しいものと確信していた点では、「それは人間であることとなんの関係があるのか。」とただされるのも当然なわけでしょう。ここでもう一度、「真理を探し求め続けるのが人間の責務であって、それを探し求める方法に手ぬかりがあってはならず、真理をとらえるかとらえないかは別問題だ。」

というようなことを述べたモンテーニュ（一六一、一八〇ページ）を思いだしていただきましょう。そして、非力に見え、無用に見えるユマニスムの静かな力強い面を考えていただきたいと思います。

9——現代人とユマニスム

1　現代とヒューマニズム

わたしの願い

以上八章に分けて、ユマニスム（ヒューマニズム）についての私見を述べてみましたが、すでにお断わりしたとおり、わたしがユマニスムというものを考えるばあい、主としてフランス文学関係の人物や作品だけを手がかりにしていたことを、ここでもう一度しるしておかなければなりません。ですから、フランス文学関係の人物や作品がユマニスムと深い関係があることはいうまでもないのですが、それだけで、ユマニスムの全部を説明し尽くすことができたかどうかは疑問かもしれません。ヨーロッパ全体の文化に関してもっと完備した資料と、もっと広い見解とをもっておられる先生がたの、もっと精緻《せいち》で深い「ユマニスム論」が、当然生まれてこなければならないと思います。

この本は、要するに、ユマニスムが、フランス文学では、どういう形で現われていたかというわたしの中間報告としての意味しかないかもしれません。ですから、あなたは、この点に注意されて、さらに、新しい資料に接して、新しい解釈ができるようになっていただきたいと思います。そして、そのための、ほんの小さな手がかりの一つになることが、わたしの願いであり、この本の目的であると申してもよいでしょう。

平凡でたいせつな心がまえとして

ユマニスムは、別に体系をもった思想というようなぎょうぎょうしいものではけっしてなく、ごく平凡な人間らしい心がまえであるというのがわたしの考えです。そして、どのような人間の行動にも、また思想にも、ユマニスムがつき添っていたほうが好ましいし、人間の社会生活・個人生活の破綻《はたん》は、かろうじて、それによって延期されたり、回避されたりするかもしれないと思っているのです。さらにまた、人道主義・博愛主義とは訳さないほうがよいユマニスム、あるいはヒューマニズム（2章を参照）は、このヨーロッパ語の語原問題からすれば、明らかにヨーロッパのものですけれども、内容的には、おそらくどこの国でも、人間の名に値する人々、心ある人々ならば、当然心得ているはずのごく平凡な人間らしい心がまえだとも考えています。

儒教や仏教の伝統によって築き上げられた東洋文化のなかにも、かならずユマニスムに該当するものが、それ相当のことばによって示され、しかるべき相当の人々によっていだかれているにちがいありません。そして、それは、××主義というような訳語ではぴったりしないと感ぜられるほど、平易な人間の心がまえにほかならないような気がいたします。

わたしがあえてユマニスム、あるいはヒューマニズムという外国語を用い続けたのは、第一に、これらの外国語がそのまま日本で通用しているからですし、この語に対して、わたし自身がわたし流にでも解釈を下して、将来、この語の意味の決定がなされ、ふさわしい訳語が選ばれるときのために、ささやかな資料を提供できたらうれしいと思ったからなのです。そして第二には、ユマニスム、あるいはヒューマニズムが、はっきりした形で意識され、かつ脈々として流れていることを、事ごとに感じさせる例として、フランス文学、とくにルネサンス文学を記述の素材とするのがもっともつごうがよかったからにほかなりません。

わたしたちは、狂気と無知と痴愚とのために、とんでもないおろかしいことをしますから、この三つは、なんとかして避けなければなりません。しかも、学識の点では衆にぬきんでるような人々が、どうかすると狂人のような考え方で行動することもありうるのですから、狂気と無知と痴愚とを警戒しただけでは安心なりません。むしろユマニスムという平凡な心がまえのことが、問題になるのです。

やめてはならないあの呼びかけ

もう何度となく繰り返しましたように、ローマ人たちのあいだで、本末を転倒した議論に対して、

「それはメルクゥリウスとなんの関係があるのか。」

と問いかけたように、ルネサンスの人々のあいだでは、たいせつなことを見失い、ゆがんでいるものをそのまま後生大事にしている神学者たちに対して、

「それはキリストとなんの関係があるのか。」

と呼びかけたのでした。そして、この問いかけ・呼びかけは、ルネサンス期に見られたキリスト教を中心とする問題がいちおう片づいた近代・現代にいたっても、なお問いかけられ、呼びかけられるようなことが、人間世界に続々と生まれてきている以上、ローマ時代やルネサンス時代のあの問いは、おそらく絶えることはないでしょうし、また絶やしてはならないでしょう。そして、このばあいは、明らかに、

「それは人間であることとなんの関係があるのか。」

という形でなされ続けられなければなりますまい。これはすでに、モンテーニュについて触れたばあい、ルネサンス期にも考えられたともいえるのです。

2　見えない危機のなかで

破綻を避けるためにも

現代は、あなたもご存じのように、機械文明が発達し、科学万能の夢が十九

世紀以上に人々をとらえ、人間の集団生活の方針が険しく対立する二つの制度に分かれ、あらゆるところに、「人間不在」「人間疎外」の現象が見られます。それゆえにこそ、

「それは人間であることとなんの関係があるのか。」

という問いが、とくに強く発し続けられなければならないと、わたしは思うのです。人類そのものの大きな破綻を避けるためにも、また、それをすこしでも延期するためにも――。

昔も今も変わりはありますまいが、わたしたち人間は、わたしたち自身が、利便のために、よかれと思ってつくったもの（機械・思想・制度など）をりっぱに使ってこそ、それらをつくりだした目的も達せられますのに、ともすれば、わたしたちは、自分のつくったものに使われ、その機械となり、奴隷となっているばあいがあるように思います。それに類した例を、今までの記述のなかから拾ってみますと、エラスムスやラブレーに諷刺された神学者や修道士たちのばあいが、まさにそうでした。

昔の狂信者たちを笑えるだろうか

かれらは、キリスト教（旧教）の神学や制度のために機械じかけになり、たいせつなキリストの教えを忘れ去っていたからです。また、悲壮なカルヴァンの行動も、その一例となるでしょう。自らが神の命によって地上へ派遣されてきたという使命感の上に立ち、自らのつくった教会制度の歯車となって動いたともいえる面が、カルヴァンにはあったからです。また、あのおろかしい宗教戦争のうずのなかで狂信的になった人々も、制度や思想の機械や奴隷となった例となるでしょう。そして、ラブレーによって「悪魔を唆《そその》かし」と呼ばれた弾薬の発明を、破壊と殺人とのために活用してとめどがなかったルネサンス期の人々も、その例となるでしょう。

しかし、現代のわたしたちにしても、これらの情ない例の数々を笑えないことを認めなければなりません。わたしたちがそれによって生きている制度や思想のゆがみに対してまったく盲目となり、そのゆがみを直そうともせずに、その制度や思想の歯車になってはいないでしょうか。さまざまな報道手段や宣伝手段をつくったわたしたちは、知らず知らずのうちに、これらの手段に使われたり、「洗脳」されたり、画一化されたりする危険はないでしょうか。

　また、わたしどもは、自分らの幸福で健康で便利な生活のためにと思ってつくりだし、考えだしたさまざまなものの奴隷になりやすいのではないでしょうか。原子力を発見したり、人工衛星を打ち上げたり、月まで飛んでいけるような方法を考えだしたりした現代人は、自分が獲得した力や技術が、昔の人々が想像できなかったような巨大なものであるだけに、その力や技術の使用には、同じく昔の人々が想像できなかったような注意と責任とをもたなければならなくなっています。

「狂人に刃物」というたとえがありますが、科学文明・機械文明の産んだものは、まさに「刃物」かもしれず、もしその「刃物」を人類の幸福のために用いることを忘れて、むやみと振り回すようなことになったら、人類はまさに「狂人」にほかならないといってもよいでしょう。そうなったとき、人類は、自分のつくったものに使われて破滅しかねないということにもなるでしょう。

　原子力とか人工衛星とかいうような、巨大な力や精密な技術以外にも、わたしたちの日常生活には、現在の科学文明・機械文明の所産というべき大小さまざまな器具や薬物などがたくさんありますが、そのいずれもが、わたしたちに使われるべきでありながら、ややもすれば、わたしたちを使うようになるおそれがないでもありません。

か弱くて考えがたりず、あらゆる面で限界のあるみじめな人間への反省を忘れ、原子爆弾をもっているがゆえに地球上最強の存在とうぬぼれたり、さまざまないわゆる文化的な器具や薬物にとり囲まれているがゆえに不老長寿の文化人だと思ったりしているときに、「それは人間であることとなんの関係があるのか。」と、つぶやく気持ちがなるべく多くの人々の心に宿り続けてほしいと、つくづく思います。

何人もの文明批評家は、人類が自らつくった文明や文化のために弱体化し、あるいは破滅するおそれのあることを指摘していますし、多くの生物学者たちは、人間のつくったもの――たとえば薬物――のために、自然界・生物界のバランスがくずされ、思いがけない事態が起こり得るということを警告しています。

　ここで、6章で触れたセバスチャン＝カステリヨンの小さなことばを、もう一度かみしめたいと思います。

「我々が光明を知ったのちに、このような暗闇にふたたび陥らねばならなくなったことを、後世の人々は理解できないだろう。」（一四一ページ）

　また、セナンクゥールという十八世紀のフランスの作家Sénancour（Etienne Pivert de, 1770～1846）のつぎのことばも、考えてみましょう。

「人類は所詮滅びるものかもしれない。しかし、抵抗しながら滅びよう。」

　この「抵抗」はなにによってできるのでしょうか。少なくとも、金力だけでも権力だけでも完全に行なわれるものではありますまい。むしろ、

「それは人間であることとなんの関係があるのか。」

と問いかける人間の心根――この平凡で、無力らしく思われる心がまえが中心とならなければならないかと思われます。

　この心根、この心がまえを、あえて、ユマニスム、あるいはヒューマニズムと呼んではいかがであろうかと、わたしは考えております。（1964・mars）

略年表

年号（日本年号）	この本に収録の人物および事項	参考事項
一四五〇（宝徳二）	○ルフェーヴル＝デタープル生まれる。	シャルル七世治下。室町幕府治下。
一四六一（寛正二）		シャルル七世死。ルゥイ十一世即位。
一四六六（文正一）	○デシデリウス＝エラスムス生まれる。	
一四六七（応仁一）		応仁の乱始まる（↓一四七七年）。
一四六八（応仁二）		印刷機を発明したヨハン＝グーテンベルク死亡。
一四八三（文明一五）	○マルチン＝ルター生まれる。	ルゥイ十一世死、シャルル八世即位。
一四八九（延徳一）	○ギヨーム＝ファレル生まれる。	

一四九一（延徳三）	○イグナチウス＝デ＝ロヨラ生まれる。	
一四九二（明応一）	○コロンブスの第一回航海。アメリカを発見。	
一四九三（明応二）	○コロンブスの第二回航海。	
一四九五（明応四）	○フランソワ＝ラブレー生まれる？	フランソワ一世生まれる。
一四九八（明応七）	○コロンブスの第三回（→一五〇〇年）航海。	シャルル八世死。ルゥイ十二世即位。
一五〇四（永正一）	○ミシェル＝ド＝ロピタル生まれる？	
一五〇六（永正三）	○コロンブス死亡。 ○ローマ教皇ユリウス二世贖宥符（免罪符）を売りだす。	加越能三国の一向宗徒の反乱。
一五〇九（永正六）	○ジャン＝カルヴァン生まれる。	
一五一一	○ミシェル＝セルヴェ生まれる。	

（永正八）	○エラスムス、『痴愚神礼賛』を出版。	
一五一五（永正一二）	○ローマ教皇レオ十世免罪符を売り出す。 ○セバスチャン＝カステリヨン生まれる。	ルイ十二世死、フランソワ一世即位。
一五一六（永正一三）	○エラスムス、『新約聖書』出版。	トマス＝モーア、『ユートピア』出版。 大内義興、明に使いを派遣。
一五一七（永正一四）	○マルチン＝ルター、宗教改革運動に乗りだす。	ポルトガル人、中国の広東に入港。
一五二一（大永一）	○ローマ教皇、ルターを破門する。 ○パリ大学神学部、ルターを異端者と断ずる。	ウォルムスの国会。 マゼラン、フィリピン諸島に到着。 コルテス、メキシコを征服（アズテク帝国滅亡）。
一五二三（大永三）	○ルフェーヴル＝デタープル、モーにおいて教会の革新運動を行	ギリシア語、ヘブライ語から訳した聖書の出版を禁止。

	なう。 ○カルヴァン、パリで勉学。	
一五二四（大永四）	○エラスムス、『自由意志論』を出版。	ドイツ農民戦争起こる。 法華宗徒を洛外に追う。
一五二五（大永五）	○ルター、『奴隷意志論』を出版。エラスムスと論争。 ○パリ高等法院、宗教裁判に乗り出す。 ○モーにおけるルフェーブル＝デタープルの運動に弾圧が加えられる。	フランソワ一世、パヴィヤの戦いで大敗。天譴説起こり、国内における異端糺問が強化される。
一五二九（享禄二）	○ルゥイ＝ド＝ベルカンの火刑死。	
一五三〇（享禄三）	○コペルニクス、地動説を唱える。	アウグスブルク国会、新教徒を否認する。
一五三二（天文一）	○ラブレー、『パンタグリュエル』第二之書を出版。 ○カルヴァン、『寛容について』	南都一向一揆、興福寺を焼く。 ニュールンベルクの宗教会議（カール五世新教徒を認める）。

	を出版。	
一五三三（天文二）	○カルヴァン、異端者視され、パリを逃亡。 ○ミシェル＝ド＝モンテーニュ生まれる。	ピサロ、ペルーを征服（インカ帝国滅亡）。
一五三四（天文三）	○「檄文事件」起こり、異端糾問激化。 ○ラブレー、『ガルガンチュワ』第一之書出版。 ○ロヨラ、同志の人々と「イエズス会」の中核体をつくる（パリ、モンマルトルにおける誓約）。	ジャーク＝カルチエの第一回航海（カナダ開発）。 英国教会の成立。
一五三五（天文四）	○カルヴァン、バーゼルへおもむく。	トマス＝モーア刑死。 カルチエの第二回航海。
一五三六（天文五）	○カルヴァン、『キリスト教綱要』を出版。 ○カルヴァン、ジュネーヴへ。	明国、日本人の辺海略奪禁止を請願。

	○ルフェーヴル＝デタープル死亡。 ○エラスムス死亡。	
一五三七 （天文六）	○ローマ教皇パウルス三世、新開発地の土着民をも「本当の人間」と認める旨の回勅を公布。	
一五三八 （天文七）	○カルヴァン、ジュネーヴを追われる。	
一五四〇 （天文九）	○カステリヨン、ストラスブール在のカルヴァンをたずねる。 ○パウルス三世教皇「イエズス会」を公認する。	京都および諸国に疫病流行。
一五四一 （天文一〇）	○カルヴァン、ジュネーヴへふたたびおもむき独裁の一歩を踏み出す。	「イエズス会」士、フランシスコ＝ザビエル東洋伝道のために出発。
一五四二 （天文一一）	○パリ大学神学部、エラスムスの『痴愚神礼賛』を禁断書にする。	
一五四三		ポルトガル船種子島へ着く。

（天文一二）		
一五四四（天文一三）	○カステリヨン、学院長辞任後ジュネーヴから追放され、バーゼルへおもむく。	
一五四五（天文一四）		トレント公会議始まる（↓一五六三年）。 南アメリカの銀鉱開発。
一五四六（天文一五）	○マルチン＝ルター死亡。 ○エチエンヌ＝ドレ火刑死。 ○ラブレー、『第三之書』出版。 ○カルヴァン、粛正に乗り出す。	足利義輝、将軍となる。
一五四七（天文一六）	○カルヴァンの粛正運動続く。	フランソワ一世死、アンリ二世即位。
一五四九（天文一八）		ザビエル鹿児島に上陸。布教（天主教・カトリック教）を開始。
一五五一（天文二〇）	○カルヴァンの粛正運動続く。	シャトーブリヤン勅令により新教徒を弾圧。 ザビエル、豊後を去る。

一五五二（天文二一）	○ラブレー、『第四之書』出版。	宣教師ガゴ、豊後にくる。
一五五三（天文二二）	○ラブレー死す。 ○アンリ＝ド＝ナヴァール（アンリ四世）生まれる。 ○ミシェル＝セルヴェ、『キリスト教復元』を出版。 ○カルヴァン、セルヴェを火刑に処す。	足利義輝、上杉謙信に関東鎮定を命ず。三好長慶入洛し、義輝出奔す。
一五五四（天文二三）	○カルヴァン、『真の信仰を維持するための宣言』を発表し、セルヴェ事件の責任を弁ずる。 ○カステリヨン、『異端者論』をもって、カルヴァンの行動を非難する。	アウグスブルクの宗教会議（一五五五年）。
一五五六（弘治二）	○イグナチウス＝デ＝ロヨラ死亡。	
一五五九		アンリ二世死、フランソワ二世即

（永禄二）	○カステリヨン、『何を疑い何を信ずべきか……』を発表。	位。
一五六〇（永禄三）	○「アンボワーズ事件」起こる（新教徒の陰謀）。 ○ミシェル＝ド＝ロピタル、フランス大宰相となる。	フランソワ二世死。シャルル九世即位。 織田信長、桶狭間に今川義元を破る。
一五六一（永禄四）	○ロピタル、新旧両教派の和解のために活躍し始める。	上杉謙信、小田原に迫る。川中島の合戦。徳川家康、織田信長と盟約す。
一五六二（永禄五）	○フランス国内における新教徒弾圧がやや緩和されたように見えながら、両派の闘争は激化し、宗教戦争の様相が濃くなる。 ○カステリヨン、『荒廃したフランスに勧める』を発表。	大村純忠ら天主教に帰依する。
一五六三（永禄六）	○カステリヨン死亡。	
一五六四	○カルヴァン死亡。	織田信長、稲葉山城をおとしいれ、

（永禄七）		岐阜と改称する（一五六七年）。
一五六八（永禄一一）	○ロピタル辞任を強制される。	織田信長上洛。
一五六九（永禄一二）	○フランス国内の宗教戦争激化。	ポルトガル宣教師ルイス・フロイス、信長より京都宣教の許可をえる。
一五七二（元亀三）	○「聖バルテルミーの大虐殺」 ○モンテーニュ、『エセー』の執筆にとりかかる。	
一五七三（天正一）	○ロピタル死亡。	武田信玄死亡。 室町幕府滅ぶ。
一五七四（天正二）		シャルル九世死。アンリ三世即位。
一五八〇（天正八）	○モンテーニュ、『エセー』（第一巻および第二巻）を発表。	加賀一揆平定。信長石山城を攻む。
一五八五（天正一三）	○「三人のアンリの戦い」始まる。	二条昭実関白を辞し、豊臣秀吉これに代わる。秀吉五奉行をおく。
一五八六（天正一四）		秀吉の聚落第着工。 秀吉、キリスト教を禁ず（一五八

一五八八（天正一六）	○モンテーニュ、『エセー』（第三巻）を発表。	七年）。イギリス艦隊、「無敵艦隊」を撃破（イスパニア制海権を失う）。
一五八九（天正一七）	○アンリ＝ド＝ギュイーズ（旧教軍首領）、アンリ三世に暗殺される。 ○アンリ三世暗殺される。	アンリ三世の死により、王位継承権は、新教徒軍の総帥アンリ＝ド＝ナヴァールに移る。
一五九〇（天正一八）		秀吉、天下を統一。大村、有馬らの使者ローマより帰る（一五八二年出発）。
一五九二（文禄一）	○モンテーニュ死亡。	秀吉、朝鮮へ出兵。
一五九三（文禄二）	○アンリ＝ド＝ナヴァール旧教に改宗。	小西行長、沈惟敬と和議。明使来朝。
一五九四（文禄三）	○アンリ＝ド＝ナヴァール、アンリ四世となる。	伏見築城。明よりもめんを移植。

一五九六（慶長一）	○ルネ＝デカルト生まれる。	秀吉、明使を追う。天主教徒を捕え、迫害する。
一五九八（慶長三）	○アンリ四世、「ナントの勅令」を発布して、信仰の自由を認める。	秀吉死亡。
一六〇〇（慶長五）		関ケ原の戦い。 イギリス、東インド会社設立。
一六〇二（慶長七）		オランダ、東インド会社設立。 家康、征夷大将軍となる（一六〇三年）。
一六〇八（慶長一三）		フランス人、カナダ開発、基点ケベック市をつくる。
一六一〇（慶長一五）	○アンリ四世暗殺される。 ○ガリレイ、木星の衛星を発見。	ルゥイ十三世即位。
一六一二（慶長一七）		江戸幕府、キリスト教を禁ずる。

地下水の流れを絶やさないために

解説
野崎 歓

碩学、大学者として名を残す人物の書いた本である。とはいえ、緊張して読む必要はない。その文章は驚くほど平易でわかりやすい。肩ひじ張ったところのない、だれにでも開かれた一冊。そこで扱われているのは、著者・渡辺一夫が生涯かけて研究し、論じ続けた事柄だ。

具体的には、ルネサンス期の思想や文学をめぐる探究である。世界史は苦手だとか、ルネサンスといわれてもピンとこないという向きもあるかもしれない。だが著者は第一章でわざわざ、世界史の教科書から引用して、読者の理解がスムーズに運ぶよう配慮してくれている。そのうえで著者は記すのだ。ヒューマニズム（フランス語でユマニスム）とは「日本人も西洋人も、人間として普通な考えをもっていれば、だれしもがもちうるものであり、西洋人だけの専売であるはずはない」。たまたま、そうした「人間の心がまえ」としてのヒューマニズムがルネサンス期のヨーロッパ、とりわけフランスにおいて、いかにもくっきりと姿を現した。そう著者は考え、研究に打ち込んだのである。というわけで、知らない思想家や文学者が出てきても心配には及ばない。懇切丁寧な文章に導かれるがまま読み進めるならば、なるほどここに描かれているのは「だれしもがもちうる」はずの精神的態度を具現した者たちの肖像であると得心がいくはずだ。また、彼らの名前は聞いたことがあるが著作を読んだことがないという人にとって、この本は最上の手引きとなるだろう。

まず確認されるのは、ルネサンス期のヒューマニスト（ユマニスト）たちの知的な営みに結びついたヒューマニズムが、いわゆる人道主義や博愛主義とは直接、関係のない単語だという事実である。ユマニストとは、神学や聖書研究が形骸化してさまざまなゆがみを生じたことに対し、それらに「もっと人間らしい」姿を取り戻させようと努力した人たちをさす。そもそもは「神学者」に対比させられる存在だったのである。そのユマニストを、著者はより広範な文脈に置き直して考えようとする。

「思想・制度・機械……など、人間がつくったいっさいのものが、その本来もっていた目的からはずれて、ゆがんだ用いられ方をされるようになり、その結果、人間が人間のつくったものに使われるというような事態に立ちいたったとき、

「これでは困る。もっと本来の姿にもどらなければならない。」

と要請する声が起こり、これが、「人間らしい」ことを求めることになるのです。」

ここに著者の問いかけの根幹がある。「人間が人間のつくったものに使われる」という事態が生じたとき、いかに待ったをかけることができるのか。それを考えるうえで好個の事例を提供するのが、エラスムス、ラブレー、モンテーニュの三人なのだ。

エラスムスは、ヨーロッパにおけるヒューマニズムの大きな源として位置づけられる。その背景をなすのは、ルターによる宗教改革運動の「政治運動化・暴動化」だった。教会や修道院の抱え込んだ腐敗や堕落、制度としての弊害をするどく批判する点で、エラスムスはルターから「同志」と思われてもふしぎのない存在だった。しかし両者のあいだには大きな違いがあったことを著者は強調する。「直情径行」なルターの果敢で過激なふるまいは、エラスムスにはまねができず、また認めることもできなかった。その結果、「行動的革命家」ルターに対し、エラスムスは「金縛りに合ったような一見みじめな姿」を呈することとなった。

「ユマニストの王」と称されながら、エラスムスが無力であったという点が徹底して強調されていることに、興味を引かれずにはいられない。どうやら著者にとって、弱さとはユマニスムそれ自体が必然的に帯びないわけにはいかない特性なのである。なにしろエラスムスおよび彼の代表するユマニスムをめぐって、「みじめ」という語が二ページのあいだに三度も繰り返されているくらいだ（五九―六〇ページを参照のこと）。みじめさは、一方では

「動脈硬化」を起こした体制を即時、変革する力をもたず、他方では過激な革新派をなだめる力もないという、二重の弱さに由来する。エラスムスをいたく尊敬したラブレー、さらには彼らの精神を受けついだモンテーニュも、まったく同じ二重の弱さに絡めとられていた――だからこそ、ヒューマニズムとは何かをみごとに示している――というのが著者の考えなのである。

ラブレーは巨人王父子を活躍させる『ガルガンチュワとパンタグリュエル物語』の作者として名を轟かせた。その大長編の雄渾にして破天荒な構え、奇想と下ネタに満ちた言語遊戯の奔放さにかんがみて、「弱さ」とは無縁の天才ではないかと思える。だが著者は、急進的な改革運動に邁進し不寛容におちいったカルヴァンと対比させて、ラブレーが「ユマニスムという生ぬるいものにすがって生き」、これを決して手放そうとしなかったことを重視する。その結果「新旧両教会の人々から、はさみ討ちになっていた」点で、ラブレーは師と仰ぐエラスムスのお手本に忠実だったというのである。

ラブレーが作品中で用いている、「たとえ火刑にあってもとは申さぬが」というお道化た表現に著者は注目する。迫害を厭う想いと、殉教者となることへの拒否とがないまぜになった言い回しである。それと同じ言い方を、のちにモンテーニュも使っている（「わたしは、善い党派に従ってゆくであろうが、たとえ火刑に処せられてもとは申さぬし、それも私にできることであるならばの話」）。モンテーニュもまた、苛烈な宗教戦争の時代にあって、一見「煮え切らない」懐疑主義を守り、旧教新教いずれの不寛容にも異を唱えつつ「それは人間であることとなんの関係があるのか」と問い続けた。

　こうして、エラスムス、ラブレー、モンテーニュという思想史・文学史上の三人の巨人——さらに、ミシェル＝セルヴェやセバスチャン＝カステリヨン、ミシェル＝ド＝ロピタルといった、先駆的な英知を示した人たちも加えて——は、いずれも社会の危機、擾乱のただなかにおいて「無用の存在」であり続けたことで、ユマニストのお手本となった。「一見みじめで、弱く、無力のように思われる」ユマニスムは、彼らをとおして「地下水のように、つねに流れ続けていた」のだった。

　その「地下水」を汲み上げて自らの精神を涵養し、社会の狂気を見つめながら「それは人間であることとなんの関係があるのか」という思索を深めた日本のユマニスト、それが渡辺一夫だった。もちろん本人は、エラスムスらと並び称されるなどとんでもない話だというだろう。だが少なくとも、ここに描き出されたユマニストたちの肖像が、渡辺自身の苦しい体験のなかで探求され、磨き上げられたものであることは確かだ。すなわち第二次大戦と敗戦の体験である。

　その間の事情を明らかにしてくれる貴重な資料が『渡辺一夫　敗戦日記』だ。渡辺の没後、愛弟子でありルネサンス研究の後継者だった二宮敬が、故人の蔵書を整理していて発見した日記である。戦争末期および敗戦直後の時期、渡辺がノートに（主としてフランス語で）書き留めた記録には、日本を破滅の道に突き落とした軍国主義、およびそれに唯々諾々と従い、「玉砕」すら辞さない国民への絶望がありありと記されている。それとともに、「一人として何等の抗議もせず」に過ごした「知識人」への慨嘆も洩らされている（一九四五年五月二十三日）。自分がそうした「知識人」であることを、渡辺は痛切に自覚し、自殺したいとまで思いつめた。「だが存続しなければならぬ祖国のために、生きのびることが僕の義務だと思う」と渡辺は懸命に自らを励ます。「知識人としては無に等しい僕でも、将来の日本にはきっと役立つ。ひどい過ちをおかし、その償いをしている今の日本を唾棄憎悪しているからだ。」（同年六月一日）

戦後の渡辺の意欲的な執筆活動は、そんな戦中の決意に支えられていた。日記には「動員されたら機械になるだけだ」（同年七月七日）という一文が見られる。人間が自ら作り出した「機械」が、人間を押し潰していく。それはいにしえの宗教戦争の時代のユマニストたちが、無力にあえぎながら指弾したのと同質、同根の事態だった。第二次大戦下、「機械」は暴力性をむき出しにして迫ったのである。だが、「機械」の暴走をすぐさま止める力は到底なくても、かろうじて生きのびたならば、自らの思うところを主張する契機はやがて訪れるだろう。その一念で自己を支えた渡辺は戦後、『フランスルネサンス断章』（一九五〇年）をはじめとするルネサンス研究の論考を次々に刊行した。そして「文法学者も戦争を呪詛し得ることについて」や「人間が機械になることは避けられないものであろうか？」（いずれも一九四八年）、「寛容《トレランス》は自らを守るために不寛容《アントレランス》に対して不寛容《アントレラン》になるべきか」（一九五一年）といった優れたエッセーを世に問うこととなったのである。

「大戦中、私は恥ずべき消極的傍観者だった」と渡辺は「人間が機械になることは避けられないものであろうか？」の中で自己批判している。だが彼は戦後になって転向したわけではなかったし、民主主義に豹変したのでもなかった。戦時中の日記がそのことを証拠立てている。疎開に出した娘と息子の身の上を案じて、渡辺はこう書いていた。

「ふところみあげて来るものは美子《はるこ》や格《ただし》の思出である。この位の悲しみは何でもないのだ、支那の人々が帝国軍閥から受けた苦しみと比べれば。」（一九四五年三月二十日）

注目するに足る一節だ。東京がアメリカ軍による大空襲の業火に包まれていた時期に、日本軍が中国人にもたらした被害を思いやる。そんな人間が、当時大勢いたとは考えにくい。そこには、自国——そしてまた、自らの家族——の事情ばかりを絶対視することを拒む、強靱な相対主義の精神がある。それこそまさに、ユマニストと呼ばれるにふさわしい姿勢ではないか。その姿勢が、『ヒューマニズム考』におけるモンテーニュをめぐる記述につながっている。

「新大陸発見とモンテーニュ」の章で打ち出されるのは、「相対主義的思考」の模範としてのモンテーニュの姿である。「人間はヨーロッパのキリスト教徒だけ」と考える者の多かった十六世紀に、『エセー』の作者はその偏狭さを逃れ、「アメリカ大陸の人食い人」と比べて、むしろヨーロッパの人間こそが残忍であり野蛮ではなかろうかと問うた。自分たちと異なる人間を拒絶したり、おとしめ、攻撃したりするのではなく、そこに「自分たちのものの考え方を訂正していく」可能性を見出す。さらには自分自身をつねに問い直し、「自分の願うこと」に対して「警戒」を怠らない。モンテーニュはそれを「真理を求める方法」として必須のものとみなした。渡辺一夫の文章は、ときに謙遜の度が過ぎると感じられるほど、自らを卑下しがちであることで有名だが、それはモンテーニュの思想を受けつぎ徹底させてのことでもあった。

その「思想」の語を、渡辺は安易に用いるまいと心がけているようだ。思想に踊らされ、「機械」の歯車となる人間の性《さが》をいやというほど見せつけられたためだろう。ヒューマニズム＝ユマニスムはむしろ、思想の緩和剤、解毒剤として位置づけられている。本書の最初と最後に読者である「あなた」への呼びかけがなされているのも、ユマニスムは「体系をもった思想というようなぎょうぎょうしいものではけっしてなく、ごく平凡な人間らしい心がまえ」であるべきだし、そうあってほしいという思いゆえのことだ。その願望は、戦争の記憶が遠くなり、日本国民がアジア初のオリンピック開催に浮かれていたころに本書を刊行したとき（最初のタイトルは『私のヒューマニズム』）、渡辺のうちで切実さをいささかも失ってはいなかった。

半世紀以上のときが経ち、ふたたび東京でオリンピックが開かれようとしているいま、

『ヒューマニズム考』の内容はなお意義を保っているだろうか。本書を読み終えたとき、それは議論の余地ないことと思えるはずだ。ここに書かれている事柄のいちいちが、今日われわれが直面している状況に符合している。ユマニストたちの教えは古びていないどころか、恐ろしいまでにアクチュアルな意味をともなってよみがえってくる。エラスムスが諷刺をこめて描き出した「痴愚」の数々は、残念ながら現代でも立派に健在であり、世界中に刻々とその勢力を増しているかのような印象がある。それだけではない。渡辺が最終章「現代人とユマニスム」で触れている環境問題や、産業化、工業化がもたらした弊害の数々は、この二十一世紀において、かつて例のなかったほどの危機を引き起こしつつある。

なかんずく、情報社会とAI技術の急速な進展は、万人の想像力をはるかに超えている。数十年後には一部のITエリートが世界に君臨し、その他は「無用者階級」に転落すると恐ろしい予言をする本が世界的ベストセラーになっている。戦慄を覚えずにはいられない。

そうした近未来のヴィジョンに向かってこそ、本書の説くところを対置すべきだろう。ポストヒューマンの時代の到来は押しとどめようがないと、だれもが考えがちないま、「無用なつぶやき」としてのヒューマニズム＝ユマニスムをわれわれのうちで目覚めさせなければならない。その「無力らしく思われる心がまえ」に立ち返らないならば、人間の居場所はもはや決定的に失われかねない。そうなってしまわないためにもっとも大切なメッセージを、本書は「あなた」に向けて発し続けている。

年譜

渡辺一夫

一九〇一年（明治三四年）
九月二五日、父・渡辺篤太郎（十五銀行員）、母・節子の長男（弟三人・妹一人の五人兄弟）として東京市本郷区真砂町二四番地に生れる。暁星小・中学校を経て、旧制第一高等学校文科を卒業。暁星時代よりフランス語を学ぶ。小学校から大学一年まで本郷弓町に住む。

一九二二年（大正一一年）　二一歳
四月、東京帝国大学文学部仏蘭西文学科に入学。辰野隆《ゆたか》に師事。同級生に小松清、伊吹武彦、飯島正、岡田弘、小方庸正、桜田佐《たすく》がいた。

一九二三年（大正一二年）　二二歳
九月、関東大震災後、本郷真砂町に移り戦後にいたる（戦時中一時、渋谷区笹塚町に借家）。

一九二五年（大正一四年）　二四歳
三月、東京帝国大学文学部仏文科を卒業。卒論は「フランス・ロマン主義の起源」。ただちに東京高等学校（旧制）の常勤講師となり、フランス語を教える。六月、同校教授に就任。

一九二六年（大正一五年・昭和元年）　二五歳
三月、東京帝国大学文学部講師となる（一年間）。七月、最初の著作『仏蘭西閨秀評伝』

（世界文献刊行会）刊行。一〇月、「モオリス・セエヴの影法師」を『仏蘭西文学研究』第一号に発表。このあたりの事情については中島健蔵が『回想の文学1』に詳述している。

一九二七年（昭和二年）　二六歳

四月、渡辺満太郎・すま子長女芳枝と結婚。

一九二八年（昭和三年）　二七歳

七月、ミュッセ「ロレンザッチョ」訳（『世界文学全集』第三四巻、新潮社）を刊行。現在までに明らかになっている限り、単行本に収録された最初の訳業である。

一九二九年（昭和四年）　二八歳

一月、長女美子《はるこ》誕生。

一九三一年（昭和六年）　三〇歳

七月、文部省在外研究員としてフランスへ約一年半留学。リュシヤン・フゥーレーに古フランス語を学ぶ。滞在中に「パリ書生日記抄」を『東高時報』に発表したほか、後にも「滞仏雑記――ミスタ・チャンの話」など留学時代の思い出を度々綴ることとなる。この間、日本は中国に対し十五年戦争をひきおこす。

一九三三年（昭和八年）　三二歳

三月、帰国。

一九三四年（昭和九年）　三三歳

四月、法政大学文学部講師となる（二年間）。

一九三六年（昭和一一年）　三五歳

三月、東京帝国大学文学部非常勤講師となる。第二外国語としてのフランス語を教える。一〇月、『筆記帖』（白水社）を「わが母に」との献詞を付し刊行。同書は著者自装であり、以後、手がけた装幀は自著を含め約百点にのぼる。

一九三七年（昭和一二年）　三六歳

四月、長男格《ただし》誕生。

一九三八年（昭和一三年）　三七歳

五月、母節子死去。六月、『ふらんす文学襍記』（白水社）刊行。

一九三九年（昭和一四年）三八歳

雑誌『知性』（河出書房）一月号からラブレー「ガルガンテュワとパンタグリュエル物語第一之書《ふみ》ガルガンテュワ」翻訳連載開始（四〇年六月号、第三二章まで）。四月、東京高校教授を退職。七月、『紅毛駃舌集』（青木書店）刊行。

一九四〇年（昭和一五年）三九歳

九月、『ヴィリエ・ド・リラダン覚書』（弘文堂書房）を「父上に」との献詞を付し刊行。

一九四一年（昭和一六年）四〇歳

一月、ラブレー「第一之書ガルガンチュワ物語」の巻末部分、第五二章〜第五八章の挿話を『テレームの僧院』として限定四五〇部刊行（青木書店）。『文学界』二月号からラブレー「第三之書パンタグリュエル物語」翻訳連載開始（四一年一〇月号、第一〇章まで）。六月、『魚の歌』（実業之日本社）刊行。この年、「第一之書ガルガンチュワ物語」を訳了。一二月八日、太平洋戦争勃発。

一九四二年（昭和一七年）四一歳

六月、東京帝国大学文学部仏文学科助教授に就任。『文学界』八月号に「ユマニストのいやしさ」を発表。一一月、ラブレー「ローマだより」訳（『新世界文学全集』第二三巻、河出書房）刊行。

一九四三年（昭和一八年）四二歳

一月、ラブレー『第一之書ガルガンチュワ物語』訳（白水社）、「糟糠の妻に」との献詞を付し刊行。二月、『ガルガンチュワ大年代記』訳（筑摩書房）初版一〇〇〇部刊行。六月、ラブレー「第二之書パンタグリュエル物語」を訳了、出版社へ渡す。八月、『ラブレー覚書その他』（白水社）刊行。

一九四四年（昭和一九年）四三歳

七月三日、ラブレー「第三之書パンタグリュエル物語」の訳稿の下書を終了。一一月、学習院大学講師となる（一年間）。

一九四五年（昭和二〇年）　四四歳
印刷製本完了後の『第二之書パンタグリュエル物語』が、三月一〇日の爆撃で「美しい灰」となる。翌一一日から秘かに日記をつけ始める（八月一八日まで。『世界』七六年一月号に「渡辺一夫敗戦日記」として掲載）。また同日付でエッセイ「素月を信ずる心」も書かれた。八月一五日、日本敗戦。

一九四六年（昭和二一年）　四五歳
『世界』三月号に「空しい祈禱」を発表。『展望』五月号に「新しき紀元節の日に」と付し「或る増補の試み――ギョーム・ビュデの場合」を発表、一連の〈フランス・ルネサンスの人々について〉論考の始まりとなる。八月、著者の戦後最初の単行本として、ジード序、トーマス・マン『五つの証言』訳（高志書房）刊行。一〇月、『空しい祈禱』（勤労学徒援護会）刊行。一一月、ヴィルドラック『新しいロシヤ』訳（酣燈社）刊行。

一九四七年（昭和二二年）　四六歳
四月、ラブレー『第二之書パンタグリュエル物語』訳（白水社）刊行。一〇月、『ヨーロッパ』第五号にサルトル「大戦の終末」を訳載。一二月、ラブレー『パンタグリュエル占筮』訳（高桐書院）刊行。

一九四八年（昭和二三年）　四七歳
二月、先に『ローマだより』として発表（四二年）したラブレー『イタリヤだより』改訳版限定一〇〇〇部（出光書店）刊行。四月、『ガルガンチュワ大年代記』改訳（白水社）、『パニュルジュ航海記』訳（要書房）刊行。五月、東京大学文学部仏文学科教授となる。九月、「狂気について」を『三田文学』に、「文法学者も戦争を呪詛し得ることについて」を『方舟』に、「人間が機械になることは避けられないものであろうか」を『芸術』に発表。この年、『第二之書パンタグリュエル物語』の翻訳により「第一之書ガルガンチュワ物語を含めて」世界文学社の世界文学賞翻訳賞を受ける。この年から翌年にかけて「フランス・ルネサンス文芸思潮序説」を講義。八月、大韓民国、九月、朝鮮民主主義人民共和国成立。

一九四九年（昭和二四年）　四八歳

二月、「装幀について」を『美術手帖』に発表。九月、『ルネサンスの人々』（鎌倉文庫）を、一一月、『ラブレー研究覚書』（白水社）、『知識人の抗議』（弘文堂）、ラブレー『第三之書パンタグリュエル物語』訳（白水社）を刊行。この年から翌年にかけて「フランス・ルネサンス・ユートピヤ文学序説」を講義。一〇月刊行された『きけわだつみのこえ』（東大協同組合出版部）に序文を寄せる。同月、中華人民共和国成立。

一九五〇年（昭和二五年）　四九歳

九月、『フランス　ルネサンス断章』（岩波書店）刊行。この年から翌年にかけて「フランス人文主義の発生」を講義。六月二五日、朝鮮戦争勃発（〜五三年）。

一九五一年（昭和二六年）　五〇歳

五月、父篤太郎死去。『世界』九月号に「寛容は自らを守るために不寛容に対して不寛容になるべきか」を発表。この年から翌年にかけて「フランソワ・ラブレーの作品構造」を講義。

一九五二年（昭和二七年）　五一歳

二月、エラスムス『痴愚神礼讃』訳限定一五〇〇部（河出書房）刊行。この年から翌年にかけて「フランソワ・ラブレーの作品の進展」を講義。

一九五三年（昭和二八年）　五二歳

一二月、友人の助力により文京区駒込富士前町（現、本駒込二丁目）に移る。

一九五四年（昭和二九年）　五三歳

一一月、フランス政府よりオフィシエ・ド・

ランストリュクシヨン・ピュブリーク（教育功労）勲章を贈られる。
一九五五年（昭和三〇年）五四歳
この年から五九年まで「一六世紀フランス語文法概説」を講義。
一九五六年（昭和三一年）五五歳
三月、「フランソワ・ラブレー研究序説——パンタグリュエル異本文考」により文学博士の学位を受ける。四月、明治大学兼任教授となる（ほどなく辞任）。一二月、フランス政府よりレジヨン・ドヌール勲章を贈られる。一〇月、スエズ動乱、ハンガリー事件起こる。
一九五七年（昭和三二年）五六歳
一月、『フランソワ・ラブレー研究序説』（東京大学出版会）刊行。『群像』一月号から「一市民の獨語《ひとりごと》」連載開始（二月号からはこれをサブタイトルとし、「二つの古い日記」と題して掲載）。『心』一月号から「ラブレー翻訳覚書」連載開始。四月、中央大学大学院講師となる（ほどなく辞任）。四月四日、永年の親しい友人、ハーバート・ノーマン、カイロで自殺。ノーマンを死に追いやったものに対する抗議をこめた追悼文「ノーマンさんは殺された……」（『世界』六月号）などを発表。
一九五八年（昭和三三年）五七歳
一月、『フランス・ユマニスムの成立』（岩波書店）刊行。『心』一月号から「ある古い日記のこと」連載開始。四月、『乱世の日記』（講談社）刊行。
一九五九年（昭和三四年）五八歳
四月、明治学院大学大学院兼任講師となる（一年間）。反安保闘争始まる。
一九六〇年（昭和三五年）五九歳
四月、中央大学大学院兼任講師となる（一年間）。七月、『フランス・ルネサンス文芸思潮序説』（岩波書店）刊行。九月、「平和の苦しさ」を『群像』に発表。この年から六二年三月まで「フランソワ・ラブレー研究序説」を講義。
一九六一年（昭和三六年）六〇歳
一月、『泰平の日記』（白水社）刊行。四月、明治学院大学講師となる。一一月、『へそ曲がりフランス文学』（光文社）刊行。
一九六二年（昭和三七年）六一歳
三月、東京大学を定年退職。四月、立教大学文学部教授に就任。五月、東京大学名誉教授となる。九月、「ピエール・パトラン先生」訳（『世界文学大系』第六五巻、筑摩書房）刊行。
一九六三年（昭和三八年）六二歳
九月、『ピエール・パトラン先生』改訳（岩波文庫）刊行。
一九六四年（昭和三九年）六三歳
二月二八日、恩師辰野隆死去。三月、ラブレー『第四之書パンタグリュエル物語』訳（白水社）刊行。四月、フランス政府よりオルドル・デ・ザール・エ・デ・レットル（芸術文化功労）勲章を贈られる。五月、『私のヒューマニズム』（講談社）刊行。六月、『ふらんすデカメロン（サン・ヌーヴェル・ヌーヴェル）』完訳（鈴木信太郎・神沢栄三共訳、筑摩書房）刊行。八月、『フランス・ルネサンスの人々』（白水社）刊行。九月、ラブレー『ガルガンチュワとパンタグリュエル物語』全五巻の翻訳を完成。
一九六五年（昭和四〇年）六四歳
一月、『ガルガンチュワとパンタグリュエル物語』の翻訳により第一六回読売文学賞研究・翻訳賞を受ける。四月、ラブレー『第五之書パンタグリュエル物語』訳（白水社）刊行、全五巻完結。六月、ラブレーを中心としたフランス一六世紀文学研究の功績によりフランス文学団体のイール・サン・ルゥイ文学賞を受ける。受賞のために渡仏、一ヵ月半滞在。「ラブレーの生家を再び訪ね」る。この年、フランス「コレージュ・ド・パタフィジーク」会の「サトラープ」（太守）の称号を受ける。二月、米国の北ベトナム爆撃始まる。
一九六六年（昭和四一年）六五歳
三月、立教大学教授を退職。四月、明治学院大学文学部教授に就任。一一月、日本学士院会員となる。
一九六七年（昭和四二年）六六歳
四月、慶応義塾大学講師となる（同年辞任）。一〇月、パリ大学附属東洋語学校客員教授となり、約一年間パリに滞在。この間、いわゆるパリ五月革命に遭遇する。後に、「パリ日記抄」「パリは燃えなかったが……」などを発表。
一九六八年（昭和四三年）六七歳
三月、『人間と機械など』（講談社）刊行。
一九六九年（昭和四四年）六八歳
『学鐙』一月号から「逆臣と公妃」を連載開始。晩年の妃伝物三部作の始まりとなる。一月、『エラスムス、トマス・モア』（『世界の名著』第一七巻、中央公論社）を編・訳、刊行。エラスムス生誕五百年を記念して、二宮敬と対談「乱世のなかの叡智」（『中央公論』五月号）を行なう。
一九七〇年（昭和四五年）六九歳
『海』三月号から「世間噺・マルゴ王妃」を連載。六月、『渡辺一夫著作集』全一二巻（編集協力　二宮敬・大江健三郎、筑摩書房）刊行開始（七一年六月完結）。
一九七一年（昭和四六年）七〇歳
三月、明治学院大学教授を退職。『ちくま』二月号から「世間噺・もう一人のナヴァール公妃」を連載。
一九七二年（昭和四七年）七一歳
一月、昭和四六年度朝日賞文化賞を受ける。『寛容について』（筑摩書房）刊行。七月、

『戦国明暗二人妃』(中央公論社)刊行。『学鐙』一〇月号から「世間噺・後宮異聞」を連載。

一九七三年(昭和四八年)　七二歳

一月、『白日夢』(毎日新聞社)刊行。四月、岩波市民講座で「コリニー大提督の暗殺をめぐって――フランス宗教戦争時代の古記録を読んで」を講義。公開の席で行なった最後のものとなる(『図書』七月号~九月号に掲載)。六月、『異国残照』(文藝春秋)刊行。八月、『世間噺・戦国の公妃』(筑摩書房)刊行。この年から岩波文庫でラブレー作品の改・決定訳刊行始まる。一〇月、ラブレー『第一之書ガルガンチュワ物語』改訳(岩波書店)刊行。『ヒューマニズム考――人間であること』(講談社)刊行。一二月、『第二之書パンタグリュエル物語』改訳刊行。

一九七四年(昭和四九年)　七三歳

三月、『第三之書パンタグリュエル物語』改訳刊行。一一月、『第四之書パンタグリュエル物語』改訳刊行。一二月、『婦人之友』誌のために串田孫一と「修繕学　師弟対談」を行なう。最後の対談となる。

一九七五年(昭和五〇年)

二月、『第五之書パンタグリュエル物語』改訳刊行、全五巻完結。『図書』三月号に最後のエッセイ「森中森不在」を発表。五月一〇日、三月末より入院中の癌研究会附属病院にて死去。九月、遺著『世間噺・後宮異聞』(筑摩書房)刊行。

●没後に刊行された主な著作・関連書

増補版『渡辺一夫著作集』全14巻(二宮敬・大江健三郎編)一九七六年九月~一九七七年一一月、筑摩書房

『フランス・ユマニスムの成立』一九七六年九月、岩波全書

『人間模索』一九七六年九月、講談社学術文庫
『悪魔の恋（世界幻想文学大系 第1巻）』（ジャック・カゾット、渡辺一夫・平岡昇訳）一九七六年一一月、国書刊行会
『僕の手帖』一九七七年八月、講談社学術文庫
『フランス・ルネサンスの人々』一九七九年八月、白水叢書
『痴愚神礼讃（世界の名著22）』（エラスムス、渡辺一夫・二宮敬訳）一九八〇年一月、中公バックス
『曲説フランス文学』一九八〇年三月、筑摩叢書
『ガルガンチュワとパンタグリュエル物語（河出世界文学大系5）』（ラブレー、渡辺一夫訳）一九八〇年一一月、河出書房新社
『戦国明暗二人妃』一九八八年七月、中公文庫
『渡辺一夫 ラブレー抄』（二宮敬編）一九八九年一一月、筑摩叢書
『悪魔の恋（バベルの図書館19）』（ジャック・カゾット、渡辺一夫・平岡昇訳）一九九〇年一月、国書刊行会
『白日夢』一九九〇年四月、講談社文芸文庫
『フランス・ルネサンスの人々』一九九二年一月、岩波文庫
『渡辺一夫（ちくま日本文学全集58）』一九九三年七月、筑摩書房
『狂気について 渡辺一夫評論選』（大江健三郎・清水徹編）一九九三年一〇月、岩波文庫
『ふらんすデカメロン』上・下（鈴木信太郎・渡辺一夫・神沢栄三訳）一九九四年九月、ちくま文庫
『文学に興味を持つ若い友人へ』一九九五年三月、弥生書房
『渡辺一夫 敗戦日記』（串田孫一・二宮敬

編）一九九五年一一月、博文館新社 ※
『フランス・ルネサンスの人々』一九九七年一〇月、白水社
『曲説フランス文学』二〇〇〇年一月、岩波現代文庫
『泰平の日記』［新装復刊］二〇〇三年六月、白水社
『痴愚神礼讃』（エラスムス、渡辺一夫・二宮敬訳）二〇〇六年九月、中公クラシックス
『五つの証言』（トーマス・マン、渡辺一夫訳）二〇一七年八月、中公文庫
『渡邊一夫 装幀・画戯集成』（串田孫一監修）一九八二年六月、一枚の繪
『日本現代のユマニスト 渡辺一夫を読む』（大江健三郎著）一九八四年四月、岩波セミナーブックス
『渡辺一夫小論　生き方の研究』（芝仁太郎著）一九九四年一一月、思想の科学社

※「敗戦日記」について

「敗戦日記」は遺品の中から発見されたもので、雑誌『世界』一九七六年一月号に、二宮敬氏（当時東京大学仏文科教授）の「解題」を付して発表され、のち増補版『渡辺一夫著作集』第14巻『補遺 下巻』（一九七七年一一月、筑摩書房）に収録された。『渡辺一夫 敗戦日記』は「敗戦後五十年、先生没後二十年を機に単行本として上梓」されたものであるが、その間に、日付、内容が「敗戦日記」につながる「日記帳」が発見されたので、それを「続敗戦日記」として併録し、関連するエッセー等を選んで、合わせて一冊の単行本とした。この「敗戦日記」は言及されることも多く、NHKの「ETV特集 シリーズ 父の日記を読む」にも取り上げられ、「敗戦日記～フランス文学者・渡辺一夫の戦争～」として一九九四年九月七日に放送されている。

【附記】

本「年譜」は、一九九〇年四月刊行の講談社文芸文庫『白日夢』に収録された「年譜」を修正・加筆したものである。『白日夢』には「著書目録」も併録していたが、本書『ヒューマニズム考』では編集部の方針で「年譜」のみ再録した。そのため、リラダンやフロベール、ヴァレリーなど、著者の多様な翻訳業績は割愛することとなったがご了解願いたい。なお、没後に刊行、復刊された著作等も追記した。

（布袋敏博編）

本書は『ヒューマニズム考――人間であること』（講談社現代新書、一九七三年一〇月刊）を底本としました。

本文中、今日からみれば、不適切と思われる表現がありますが、作品の書かれた時代背景および著者が故人であることなどを考慮し、そのままとしました。よろしくご理解のほどお願いいたします。

ヒューマニズム考《こう》 人間《にんげん》であること

渡辺一夫《わたなべかずお》

二〇一九年一一月八日第一刷発行
二〇二五年四月一八日第五刷発行

発行者――篠木和久
発行所――株式会社 講談社
東京都文京区音羽2・12・21 〒112-8001
電話 編集(03)5395・3513
販売(03)5395・5817
業務(03)5395・3615

デザイン――菊地信義
印刷――株式会社KPSプロダクツ
製本――株式会社国宝社
本文データ制作――講談社デジタル製作

定価はカバーに表示してあります。

講談社文芸文庫

ISBN978-4-06-517755-6

▶解=解説　案=作家案内　人=人と作品　年=年譜を示す。　2025年3月現在

講談社文芸文庫

講談社文芸文庫編－第三の新人名作選　富岡幸一郎－解
講談社文芸文庫編－大東京繁昌記 下町篇　川本三郎──解
講談社文芸文庫編－大東京繁昌記 山手篇　森 まゆみ──解
講談社文芸文庫編－戦争小説短篇名作選　若松英輔──解
講談社文芸文庫編－明治深刻悲惨小説集 齋藤秀昭選　齋藤秀昭──解
講談社文芸文庫編－個人全集月報集 武田百合子全作品・森茉莉全集
小島信夫──抱擁家族　大橋健三郎－解／保昌正夫──案
小島信夫──うるわしき日々　千石英世──解／岡田 啓──年
小島信夫──月光｜暮坂 小島信夫後期作品集　山崎 勉──解／編集部──年
小島信夫──美濃　保坂和志──解／柿谷浩一──年
小島信夫──公園｜卒業式 小島信夫初期作品集　佐々木 敦──解／柿谷浩一──年
小島信夫──各務原・名古屋・国立　高橋源一郎－解／柿谷浩一──年
小島信夫──[ワイド版]抱擁家族　大橋健三郎－解／保昌正夫──案
後藤明生──挾み撃ち　武田信明──解／著者──年
後藤明生──首塚の上のアドバルーン　芳川泰久──解／著者──年
小林信彦──[ワイド版]袋小路の休日　坪内祐三──解／著者──年
小林秀雄──栗の樹　秋山 駿──人／吉田凞生──年
小林秀雄──小林秀雄対話集　秋山 駿──解／吉田凞生──年
小林秀雄──小林秀雄全文芸時評集 上・下　山城むつみ－解／吉田凞生──年
小林秀雄──[ワイド版]小林秀雄対話集　秋山 駿──解／吉田凞生──年
佐伯一麦──ショート・サーキット 佐伯一麦初期作品集　福田和也──解／二瓶浩明──年
佐伯一麦──日和山 佐伯一麦自選短篇集　阿部公彦──解／著者──年
佐伯一麦──ノルゲ Norge　三浦雅士──解／著者──年
坂口安吾──風と光と二十の私と　川村 湊──解／関井光男──案
坂口安吾──桜の森の満開の下　川村 湊──解／和田博文──案
坂口安吾──日本文化私観 坂口安吾エッセイ選　川村 湊──解／若月忠信──年
坂口安吾──教祖の文学｜不良少年とキリスト 坂口安吾エッセイ選　川村 湊──解／若月忠信──年
阪田寛夫──庄野潤三ノート　富岡幸一郎－解
鷺沢萠──帰れぬ人びと　川村 湊──解／著者、オフィスめめ－年
佐々木邦──苦心の学友 少年倶楽部名作選　松井和男──解
佐多稲子──私の東京地図　川本三郎──解／佐多稲子研究会－年
佐藤紅緑──ああ玉杯に花うけて 少年倶楽部名作選　紀田順一郎－解
佐藤春夫──わんぱく時代　佐藤洋二郎－解／牛山百合子－年
里見弴──恋ごころ 里見弴短篇集　丸谷才一──解／武藤康史──年

講談社文芸文庫

澤田 謙 ――プリューターク英雄伝　中村伸二――年
椎名麟三――深夜の酒宴｜美しい女　井口時男――解／斎藤末弘――年
島尾敏雄――その夏の今は｜夢の中での日常　吉本隆明――解／紅野敏郎――案
島尾敏雄――はまべのうた｜ロング・ロング・アゴウ　川村 湊――解／柘植光彦――案
島田雅彦――ミイラになるまで 島田雅彦初期短篇集　青山七恵――解／佐藤康智――年
志村ふくみ-一色一生　高橋 巖――人／著者――年
庄野潤三――夕べの雲　阪田寛夫――解／助川徳是――案
庄野潤三――ザボンの花　富岡幸一郎-解／助川徳是――年
庄野潤三――鳥の水浴び　田村 文――解／助川徳是――年
庄野潤三――星に願いを　富岡幸一郎-解／助川徳是――年
庄野潤三――明夫と良二　上坪裕介――解／助川徳是――年
庄野潤三――庭の山の木　中島京子――解／助川徳是――年
庄野潤三――世をへだてて　島田潤一郎-解／助川徳是――年
笙野頼子――幽界森娘異聞　金井美恵子-解／山﨑眞紀子-年
笙野頼子――猫道 単身転々小説集　平田俊子――解／山﨑眞紀子-年
笙野頼子――海獣｜呼ぶ植物｜夢の死体 初期幻視小説集　菅野昭正――解／山﨑眞紀子-年
白洲正子――かくれ里　青柳恵介――人／森 孝――年
白洲正子――明恵上人　河合隼雄――人／森 孝――年
白洲正子――十一面観音巡礼　小川光三――人／森 孝――年
白洲正子――お能｜老木の花　渡辺 保――人／森 孝――年
白洲正子――近江山河抄　前 登志夫――人／森 孝――年
白洲正子――古典の細道　勝又 浩――人／森 孝――年
白洲正子――能の物語　松本 徹――人／森 孝――年
白洲正子――心に残る人々　中沢けい――人／森 孝――年
白洲正子――世阿弥 ――花と幽玄の世界　水原紫苑――人／森 孝――年
白洲正子――謡曲平家物語　水原紫苑――解／森 孝――年
白洲正子――西国巡礼　多田富雄――解／森 孝――年
白洲正子――私の古寺巡礼　高橋睦郎――解／森 孝――年
白洲正子――[ワイド版]古典の細道　勝又 浩――人／森 孝――年
鈴木大拙訳-天界と地獄 スエデンボルグ著　安藤礼二――解／編集部――年
鈴木大拙――スエデンボルグ　安藤礼二――解／編集部――年
曽野綾子――雪あかり 曽野綾子初期作品集　武藤康史――解／武藤康史――年
田岡嶺雲――数奇伝　西田 勝――解／西田 勝――年
高橋源一郎-さようなら、ギャングたち　加藤典洋――解／栗坪良樹――年

講談社文芸文庫

高橋源一郎	ジョン・レノン対火星人	内田 樹——解／栗坪良樹——年
高橋源一郎	ゴーストバスターズ 冒険小説	奥泉 光——解／若杉美智子—年
高橋源一郎	君が代は千代に八千代に	穂村 弘——解／若杉美智子・編集部—年
高橋源一郎	ゴヂラ	清水良典——解／若杉美智子・編集部—年
高橋たか子	人形愛|秘儀|甦りの家	富岡幸一郎—解／著者———年
高橋たか子	亡命者	石沢麻依——解／著者———年
高原英理編	深淵と浮遊 現代作家自己ベストセレクション	高原英理——解
高見 順	如何なる星の下に	坪内祐三——解／宮内淳子——年
高見 順	死の淵より	井坂洋子——解／宮内淳子——年
高見 順	わが胸の底のここには	荒川洋治——解／宮内淳子——年
高見沢潤子	兄 小林秀雄との対話 人生について	
武田泰淳	蝮のすえ|「愛」のかたち	川西政明——解／立石 伯——案
武田泰淳	司馬遷—史記の世界	宮内 豊——解／古林 尚——年
武田泰淳	風媒花	山城むつみ—解／編集部——年
竹西寛子	贈答のうた	堀江敏幸——解／著者———年
太宰 治	男性作家が選ぶ太宰治	編集部——年
太宰 治	女性作家が選ぶ太宰治	
太宰 治	30代作家が選ぶ太宰治	編集部——年
田中英光	空吹く風|暗黒天使と小悪魔|愛と憎しみの傷に 田中英光デカダン作品集 道籏泰三編	道籏泰三——解／道籏泰三——年
谷崎潤一郎	金色の死 谷崎潤一郎大正期短篇集	清水良典——解／千葉俊二——年
種田山頭火	山頭火随筆集	村上 護——解／村上 護——年
田村隆一	腐敗性物質	平出 隆——人／建畠 哲——年
多和田葉子	ゴットハルト鉄道	室井光広——解／谷口幸代——年
多和田葉子	飛魂	沼野充義——解／谷口幸代——年
多和田葉子	かかとを失くして|三人関係|文字移植	谷口幸代——解／谷口幸代——年
多和田葉子	変身のためのオピウム|球形時間	阿部公彦——解／谷口幸代——年
多和田葉子	雲をつかむ話|ボルドーの義兄	岩川ありさ—解／谷口幸代——年
多和田葉子	ヒナギクのお茶の場合|海に落とした名前	木村朗子——解／谷口幸代——年
多和田葉子	溶ける街 透ける路	鴻巣友季子—解／谷口幸代——年
近松秋江	黒髪|別れたる妻に送る手紙	勝又 浩——解／柳沢孝子——案
塚本邦雄	定家百首|雪月花(抄)	島内景二——解／島内景二——年
塚本邦雄	百句燦燦 現代俳諧頌	橋本 治——解／島内景二——年

講談社文芸文庫

塚本邦雄	王朝百首	橋本 治——解／島内景二——年
塚本邦雄	西行百首	島内景二——解／島内景二——年
塚本邦雄	秀吟百趣	島内景二——解
塚本邦雄	珠玉百歌仙	島内景二——解
塚本邦雄	新撰 小倉百人一首	島内景二——解
塚本邦雄	詞華美術館	島内景二——解
塚本邦雄	百花遊歴	島内景二——解
塚本邦雄	茂吉秀歌『赤光』百首	島内景二——解
塚本邦雄	新古今の惑星群	島内景二——解／島内景二——年
つげ義春	つげ義春日記	松田哲夫——解
辻 邦生	黄金の時刻の滴り	中条省平——解／井上明久——年
津島美知子	回想の太宰治	伊藤比呂美-解／編集部——年
津島佑子	光の領分	川村 湊——解／柳沢孝子——案
津島佑子	寵児	石原千秋——解／与那覇恵子-年
津島佑子	山を走る女	星野智幸——解／与那覇恵子-年
津島佑子	あまりに野蛮な 上・下	堀江敏幸——解／与那覇恵子-年
津島佑子	ヤマネコ・ドーム	安藤礼二——解／与那覇恵子-年
坪内祐三	慶応三年生まれ　七人の旋毛曲り 漱石・外骨・熊楠・露伴・子規・紅葉・緑雨とその時代	森山裕之——解／佐久間文子-年
坪内祐三	『別れる理由』が気になって	小島信夫——解
鶴見俊輔	埴谷雄高	加藤典洋——解／編集部——年
鶴見俊輔	ドグラ・マグラの世界｜夢野久作 迷宮の住人	安藤礼二——解
寺田寅彦	寺田寅彦セレクション Ⅰ 千葉俊二・細川光洋選	千葉俊二——解／永橋禎子——年
寺田寅彦	寺田寅彦セレクション Ⅱ 千葉俊二・細川光洋選	細川光洋——解
寺山修司	私という謎 寺山修司エッセイ選	川本三郎——解／白石 征——年
寺山修司	戦後詩 ユリシーズの不在	小嵐九八郎-解
十返肇	「文壇」の崩壊 坪内祐三編	坪内祐三——解／編集部——年
徳田球一・志賀義雄	獄中十八年	鳥羽耕史——解
徳田秋声	あらくれ	大杉重男——解／松本 徹——年
徳田秋声	黴｜爛	宗像和重——解／松本 徹——年
富岡幸一郎	使徒的人間 —カール・バルト—	佐藤 優——解／著者——年
富岡多恵子	表現の風景	秋山 駿——解／木谷喜美枝-案
富岡多恵子編	大阪文学名作選	富岡多恵子-解

講談社文芸文庫

土門拳	風貌｜私の美学 土門拳エッセイ選 酒井忠康編	酒井忠康—解／酒井忠康—年
永井荷風	日和下駄 一名 東京散策記	川本三郎—解／竹盛天雄—年
永井荷風	[ワイド版]日和下駄 一名 東京散策記	川本三郎—解／竹盛天雄—年
永井龍男	一個｜秋その他	中野孝次—解／勝又 浩—案
永井龍男	カレンダーの余白	石原八束—人／森本昭三郎-年
永井龍男	東京の横丁	川本三郎—解／編集部—年
中上健次	熊野集	川村二郎—解／関井光男—案
中上健次	蛇淫	井口時男—解／藤本寿彦—年
中上健次	水の女	前田 塁—解／藤本寿彦—年
中上健次	地の果て 至上の時	辻原 登—解
中上健次	異族	渡邊英理—解
中川一政	画にもかけない	高橋玄洋—人／山田幸男—年
中沢けい	海を感じる時｜水平線上にて	勝又 浩—解／近藤裕子—案
中沢新一	虹の理論	島田雅彦—解／安藤礼二—年
中島敦	光と風と夢｜わが西遊記	川村 湊—解／鷺 只雄—案
中島敦	斗南先生｜南島譚	勝又 浩—解／木村一信—案
中野重治	村の家｜おじさんの話｜歌のわかれ	川西政明—解／松下 裕—案
中野重治	斎藤茂吉ノート	小高 賢—解
中野好夫	シェイクスピアの面白さ	河合祥一郎-解／編集部—年
中原中也	中原中也全詩歌集 上・下 吉田凞生編	吉田凞生—解／青木 健—案
中村真一郎	この百年の小説 人生と文学と	紅野謙介—解
中村光夫	二葉亭四迷伝 ある先駆者の生涯	絓 秀実—解／十川信介—案
中村光夫選	私小説名作選 上・下 日本ペンクラブ編	
中村武羅夫	現代文士廿八人	齋藤秀昭—解
夏目漱石	思い出す事など｜私の個人主義｜硝子戸の中	石﨑 等—年
成瀬櫻桃子	久保田万太郎の俳句	齋藤礎英—解／編集部—年
西脇順三郎	*Ambarvalia*｜旅人かへらず	新倉俊一—人／新倉俊一—年
丹羽文雄	小説作法	青木淳悟—解／中島国彦—年
野口冨士男	なぎの葉考｜少女 野口冨士男短篇集	勝又 浩—解／編集部—年
野口冨士男	感触的昭和文壇史	川村 湊—解／平井一麥—年
野坂昭如	人称代名詞	秋山 駿—解／鈴木貞美—案
野坂昭如	東京小説	町田 康—解／村上玄一—年
野崎 歓	異邦の香り ネルヴァル『東方紀行』論	阿部公彦—解
野間 宏	暗い絵｜顔の中の赤い月	紅野謙介—解／紅野謙介—年

講談社文芸文庫

野呂邦暢 ─[ワイド版]草のつるぎ|一滴の夏 野呂邦暢作品集　川西政明──解／中野章子──年
橋川文三 ─日本浪曼派批判序説　井口時男──解／赤藤了勇──年
蓮實重彦 ─夏目漱石論　松浦理英子─解／著者───年
蓮實重彦 ─「私小説」を読む　小野正嗣──解／著者───年
蓮實重彦 ─凡庸な芸術家の肖像 上 マクシム・デュ・カン論
蓮實重彦 ─凡庸な芸術家の肖像 下 マクシム・デュ・カン論　工藤庸子──解
蓮實重彦 ─物語批判序説　磯﨑憲一郎─解
蓮實重彦 ─フーコー・ドゥルーズ・デリダ　郷原佳以──解
花田清輝 ─復興期の精神　池内 紀───解／日高昭二──年
埴谷雄高 ─死霊 I II III　鶴見俊輔──解／立石 伯──年
埴谷雄高 ─埴谷雄高政治論集 埴谷雄高評論選書1 立石伯編
埴谷雄高 ─酒と戦後派 人物随想集
埴谷雄高 ─系譜なき難解さ 小説家と批評家の対話　井口時男──解／立石 伯───年
濱田庄司 ─無盡蔵　水尾比呂志─解／水尾比呂志─年
林京子 ──祭りの場|ギヤマン ビードロ　川西政明──解／金井景子──案
林京子 ──長い時間をかけた人間の経験　川西政明──解／金井景子──年
林京子 ──やすらかに今はねむり給え|道　青来有一──解／金井景子──年
林京子 ──谷間|再びルイへ。　黒古一夫──解／金井景子──年
林芙美子 ─晩菊|水仙|白鷺　中沢けい──解／熊坂敦子──案
林原耕三 ─漱石山房の人々　山崎光夫─解
原民喜 ──原民喜戦後全小説　関川夏央──解／島田昭男──年
東山魁夷 ─泉に聴く　桑原住雄──人／編集部───年
日夏耿之介 -ワイルド全詩(翻訳)　井村君江──解／井村君江──年
日夏耿之介 -唐山感情集　南條竹則──解
日野啓三 ─ベトナム報道　著者────年
日野啓三 ─天窓のあるガレージ　鈴村和成──解／著者───年
平出 隆 ──葉書でドナルド・エヴァンズに　三松幸雄──解／著者────年
平沢計七 ─一人と千三百人|二人の中尉 平沢計七先駆作品集　大和田 茂─解／大和田 茂──年
深沢七郎 ─笛吹川　町田 康──解／山本幸正──年
福田恆存 ─芥川龍之介と太宰治　浜崎洋介──解／齋藤秀昭──年
福永武彦 ─死の島 上・下　富岡幸一郎─解／曾根博義──年
藤枝静男 ─悲しいだけ|欣求浄土　川西政明──解／保昌正夫──案
藤枝静男 ─田紳有楽|空気頭　川西政明──解／勝又 浩──案
藤枝静男 ─藤枝静男随筆集　堀江敏幸──解／津久井 隆──年

講談社文芸文庫

藤枝静男	愛国者たち	清水良典──解／津久井 隆──年
藤澤清造	狼の吐息|愛憎一念 藤澤清造 負の小説集 西村賢太編・校訂	西村賢太──解／西村賢太──年
藤澤清造	根津権現前より 藤澤清造随筆集 西村賢太編	六角精児──解／西村賢太──年
藤田嗣治	腕一本|巴里の横顔 藤田嗣治エッセイ選 近藤史人編	近藤史人──解／近藤史人──年
舟橋聖一	芸者小夏	松家仁之──解／久米 勲──年
古井由吉	雪の下の蟹|男たちの円居	平出 隆──解／紅野謙介──案
古井由吉	古井由吉自選短篇集 木犀の日	大杉重男──解／著者──年
古井由吉	槿	松浦寿輝──解／著者──年
古井由吉	山躁賦	堀江敏幸──解／著者──年
古井由吉	聖耳	佐伯一麦──解／著者──年
古井由吉	仮往生伝試文	佐々木 中──解／著者──年
古井由吉	白暗淵	阿部公彦──解／著者──年
古井由吉	蜩の声	蜂飼 耳──解／著者──年
古井由吉	詩への小路 ドゥイノの悲歌	平出 隆──解／著者──年
古井由吉	野川	佐伯一麦──解／著者──年
古井由吉	東京物語考	松浦寿輝──解／著者──年
古井由吉 佐伯一麦	往復書簡『遠くからの声』『言葉の兆し』	富岡幸一郎─解
古井由吉	楽天記	町田 康──解／著者──年
古井由吉	小説家の帰還 古井由吉対談集	鵜飼哲夫──解／著者・編集部─年
北條民雄	北條民雄 小説随筆書簡集	若松英輔──解／計盛達也──年
堀江敏幸	子午線を求めて	野崎 歓──解／著者──年
堀江敏幸	書かれる手	朝吹真理子─解／著者──年
堀口大學	月下の一群（翻訳）	窪田般彌──解／柳沢通博──年
正宗白鳥	何処へ|入江のほとり	千石英世──解／中島河太郎─年
正宗白鳥	白鳥随筆 坪内祐三選	坪内祐三──解／中島河太郎─年
正宗白鳥	白鳥評論 坪内祐三選	坪内祐三──解
町田 康	残響 中原中也の詩によせる言葉	日和聡子──解／吉田凞生・著者─年
松浦寿輝	青天有月 エセー	三浦雅士──解／著者──年
松浦寿輝	幽|花腐し	三浦雅士──解／著者──年
松浦寿輝	半島	三浦雅士──解／著者──年
松岡正剛	外は、良寛。	水原紫苑──解／太田香保──年
松下竜一	豆腐屋の四季 ある青春の記録	小嵐九八郎─解／新木安利他─年
松下竜一	ルイズ 父に貰いし名は	鎌田 慧──解／新木安利他─年

松下竜一——底ぬけビンボー暮らし　松田哲夫——解／新木安利他-年
丸谷才一——忠臣蔵とは何か　野口武彦——解
丸谷才一——横しぐれ　池内 紀——解
丸谷才一——たった一人の反乱　三浦雅士——解／編集部——年
丸谷才一——日本文学史早わかり　大岡 信——解／編集部——年
丸谷才一編-丸谷才一編・花柳小説傑作選　杉本秀太郎-解
丸谷才一——恋と日本文学と本居宣長|女の救はれ　張 競——解／編集部——年
丸谷才一——七十句|八十八句　編集部——年
丸山健二——夏の流れ 丸山健二初期作品集　茂木健一郎-解／佐藤清文——年
三浦哲郎——野　秋山 駿——解／栗坪良樹——案
三木清——読書と人生　鷲田清一——解／柿谷浩一——年
三木清——三木清教養論集 大澤聡編　大澤 聡——解／柿谷浩一——年
三木清——三木清大学論集 大澤聡編　大澤 聡——解／柿谷浩一——年
三木清——三木清文芸批評集 大澤聡編　大澤 聡——解／柿谷浩一——年
三木卓——震える舌　石黒達昌——解／若杉美智子-年
三木卓——K　永田和宏——解／若杉美智子-年
水上勉——才市|蓑笠の人　川村 湊——解／祖田浩一——案
水上勉——わが別辞 導かれた日々　川村 湊——解／祖田浩一——年
水原秋櫻子-高濱虚子 並に周囲の作者達　秋尾 敏——解／編集部——年
道籏泰三編-昭和期デカダン短篇集　道籏泰三——解
宮本徳蔵——力士漂泊 相撲のアルケオロジー　坪内祐三——解／著者——年
三好達治——測量船　北川 透——人／安藤靖彦——年
三好達治——諷詠十二月　高橋順子——解／安藤靖彦——年
村山槐多——槐多の歌へる 村山槐多詩文集 酒井忠康編　酒井忠康——解／酒井忠康——年
室生犀星——蜜のあわれ|われはうたえどもやぶれかぶれ　久保忠夫——解／本多 浩——案
室生犀星——加賀金沢|故郷を辞す　星野晃一——人／星野晃一——年
室生犀星——深夜の人|結婚者の手記　髙瀨真理子-解／星野晃一——年
室生犀星——かげろうの日記遺文　佐々木幹郎-解／星野晃一——解
室生犀星——我が愛する詩人の伝記　鹿島 茂——解／星野晃一——年
森敦——われ逝くもののごとく　川村二郎——解／富岡幸一郎-案
森茉莉——父の帽子　小島千加子-人／小島千加子-年
森茉莉——贅沢貧乏　小島千加子-人／小島千加子-年
森茉莉——薔薇くい姫|枯葉の寝床　小島千加子-解／小島千加子-年
安岡章太郎-走れトマホーク　佐伯彰一——解／鳥居邦朗——案

講談社文芸文庫

安岡章太郎-ガラスの靴|悪い仲間　加藤典洋——解／勝又 浩——案
安岡章太郎-幕が下りてから　秋山 駿——解／紅野敏郎——案
安岡章太郎-流離譚 上・下　勝又 浩——解／鳥居邦朗——年
安岡章太郎-果てもない道中記 上・下　千本健一郎-解／鳥居邦朗——年
安岡章太郎-[ワイド版]月は東に　日野啓三——解／栗坪良樹——案
安岡章太郎-僕の昭和史　加藤典洋——解／鳥居邦朗——年
安原喜弘——中原中也の手紙　秋山 駿——解／安原喜秀——年
矢田津世子-[ワイド版]神楽坂|茶粥の記 矢田津世子作品集　川村 湊——解／高橋秀晴——年
柳 宗悦——木喰上人　岡本勝人——解／水尾比呂志他-年
山川方夫——[ワイド版]愛のごとく　坂上 弘——解／坂上 弘——年
山川方夫——春の華客|旅恋い 山川方夫名作選　川本三郎——解／坂上 弘—案・年
山城むつみ-文学のプログラム　著者——年
山城むつみ-ドストエフスキー　著者——年
山之口 貘——山之口貘詩文集　荒川洋治——解／松下博文——年
湯川秀樹——湯川秀樹歌文集 細川光洋選　細川光洋——解
横光利一——上海　菅野昭正——解／保昌正夫——案
横光利一——旅愁 上・下　樋口 覚——解／保昌正夫——年
吉田健一——金沢|酒宴　四方田犬彦-解／近藤信行——案
吉田健一——絵空ごと|百鬼の会　高橋英夫——解／勝又 浩——案
吉田健一——英語と英国と英国人　柳瀬尚紀——人／藤本寿彦——年
吉田健一——英国の文学の横道　金井美恵子-人／藤本寿彦——年
吉田健一——思い出すままに　粟津則雄——人／藤本寿彦——年
吉田健一——時間　高橋英夫——解／藤本寿彦——年
吉田健一——旅の時間　清水 徹——解／藤本寿彦——年
吉田健一——ロンドンの味 吉田健一未収録エッセイ 島内裕子編　島内裕子——解／藤本寿彦——年
吉田健一——文学概論　清水 徹——解／藤本寿彦——年
吉田健一——文学の楽しみ　長谷川郁夫-解／藤本寿彦——年
吉田健一——交遊録　池内 紀——解／藤本寿彦——年
吉田健一——おたのしみ弁当 吉田健一未収録エッセイ 島内裕子編　島内裕子——解／藤本寿彦——年
吉田健一——[ワイド版]絵空ごと|百鬼の会　高橋英夫——解／勝又 浩——案
吉田健一——昔話　島内裕子——解／藤本寿彦——年
吉田健一訳-ラフォルグ抄　森 茂太郎——解
吉田知子——お供え　荒川洋治——解／津久井 隆——年
吉田秀和——ソロモンの歌|一本の木　大久保喬樹-解

講談社文芸文庫

吉田満 ——戦艦大和ノ最期　鶴見俊輔——解／古山高麗雄-案
吉田満 ——[ワイド版]戦艦大和ノ最期　鶴見俊輔——解／古山高麗雄-案
吉本隆明 —西行論　月村敏行——解／佐藤泰正——案
吉本隆明 —マチウ書試論|転向論　月村敏行——解／梶木 剛——案
吉本隆明 —吉本隆明初期詩集　著者——解／川上春雄——案
吉本隆明 —マス・イメージ論　鹿島 茂——解／高橋忠義——年
吉本隆明 —写生の物語　田中和生——解／高橋忠義——年
吉本隆明 —追悼私記 完全版　高橋源一郎-解
吉本隆明 —憂国の文学者たちに 60年安保・全共闘論集　鹿島 茂——解／高橋忠義——年
吉本隆明 —わたしの本はすぐに終る 吉本隆明詩集　高橋源一郎-解／高橋忠義——年
吉屋信子 —自伝的女流文壇史　与那覇恵子-解／武藤康史——年
吉行淳之介-暗室　川村二郎——解／青山 毅——案
吉行淳之介-星と月は天の穴　川村二郎——解／荻久保泰幸-案
吉行淳之介-やわらかい話 吉行淳之介対談集 丸谷才一編　久米 勲——年
吉行淳之介-やわらかい話2 吉行淳之介対談集 丸谷才一編　久米 勲——年
吉行淳之介-街角の煙草屋までの旅 吉行淳之介エッセイ選　久米 勲——解／久米 勲——年
吉行淳之介-[ワイド版]私の文学放浪　長部日出雄-解／久米 勲——年
吉行淳之介-わが文学生活　徳島高義——解／久米 勲——年
リービ英雄-日本語の勝利|アイデンティティーズ　鴻巣友季子-解
渡辺一夫 —ヒューマニズム考 人間であること　野崎 歓——解／布袋敏博——年